Schräges

Geschichten eines Stifts

Real Surreales und surreal Reales

von Wolf Kursch

Umschlag, Bilder, Gestaltung und Layout:

Wolfgang Schellhorn

www.bs–motor.de

ISBN: 978-3-944667-40-9

printed in Germany

4B20,07,10

Eine Verbindung

S

Unser Gerangel währt nun schon seit Jahren; kein Ende ist in Sicht. Wir streiten uns, wir kämpfen, manchmal wie Löwen, manchmal nur wie ein fallendes Blatt im Wind gegen die Schwerkraft. Oft sind wir auch einer Meinung, dann kommen wir zügig voran.

Warum jeder von uns versucht, Oberhand zu gewinnen, habe ich bis jetzt nicht heraus bekommen. Wir gehören doch zusammen. Und erwiesenermaßen ist unser Erfolg am größten, wenn wir an einem Strang ziehen. Wir sind aufeinander angewiesen. Ich allein kann nichts zuwege bringen. Er müsste etwas anderes als Hilfsmittel suchen.

Bin ich wirklich nur ein Hilfsmittel? Ich bringe mich nicht nur als solches ein. Ich habe oft meine eigenen Gedanken und notiere diese, auch gegen seinen Willen, auf seinem Papier. Er wundert sich dann jedes Mal, wenn er es liest.

Oft wünsche ich, mein Partner wäre eine Frau. Wir hätten andere Gedankengänge, würden womöglich völlig different zu jetzt formulieren und notieren.

Wären wir ebenso harmonisch? Mehr? Möchte ich das? Fehlt mir der Gleichklang? Ist die Würze nicht das zwischenzeilige Aufbegehren und Ausloten der Grenzen von Meinungsverschiedenheiten?

Wieso harmonieren wir trotz unserer äußerst unterschiedlichen Wesen? Oder deshalb?

Ich sollte mich erst einmal vorstellen; oder besser, ich fange mit ihm an.

Wir kennen uns schon ewig. Ich weiß es. Er mich, glaube ich, eher nicht so lange. Wenn man so sagen kann, richtig befreundet sind wir erst seit einem Monat. Warum und wie es zu unserer Freundschaft kam, kann ich nicht begründen, sie war einfach eines schönen oder auch nicht schönen Tages da; wie herbeigezaubert, wie aus dem Fenster eines fahrenden Zugs geworfen und am Bahndamm von einem Kind gefunden, oder einfach Liebe auf den ersten Blick. Wobei es der erste Blick nicht gewesen sein kann.

Also, die Freundschaft kam – plötzlich. Hoffentlich werde ich sie bis zu meinem Ende nicht mehr missen müssen.

Ich finde ihn ja nicht besonders attraktiv, wenigstens meistens, außer er wirft sich in Schale. Dann sind unsere Begegnungen nur flüchtiger Natur. Wenn ich länger mit ihm beisammen bin, hat er oft einen Dreitagebart, manchmal auch einen älteren; manchmal ist er glatt rasiert, aber ich bin nie in Parfüm oder Rasierwasser eingehüllt. Es ist, als nähme er auf mich Rücksicht.

Wenn er sehen will, was ich gerade fabriziere, muss er immer eine Brille aufsetzen, eine ganz bestimmte. Wenn er sich von mir entfernt, setzt er eine andere auf, manchmal auch keine. Ist es Eitelkeit oder Notwendigkeit?

Seine Kleidung ist leger bis sehr leger.

Er ist sehr reich. Das schließe ich aus seiner, an eine Frau gerichteten Äußerung. In einem Gespräch hatte er einmal erwähnt: 'Schweigen ist Gold'. Auch scheint er ein Philosoph zu sein. Er sagte einmal 'Der Philosoph schweigt'. Ich höre ihn sehr, sehr selten reden – viel schweigen.

Zur Zeit ist unsere Freundschaft ein wenig getrübt, da er Geheimnisse vor mir hat. Ich glaube, wenn er will, dass ich etwas nicht mitbekomme, schreibt er es direkt in seinen Computer. Das kränkt mich. Glücklicherweise hält mein Groll nicht lange, denn dann beschäftigt er mich wieder.

Wir sind zwar keine gleichberechtigten Partner, aber ganz machtlos bin ich nicht. Wenn seine Konzentration einen Augenblick oder manchmal auch länger nachlässt oder seine Gedanken zu weit abschweifen, gewinne ich die Oberhand. Dann schreibe ich flugs meine eigenen hin. Er wundert sich, was da steht und wo es herkommt. Ich freue mich dann diebisch, denn er hatte noch nie mich im Verdacht, glaube ich. Und dann gilt: Was geschrieben ist, bleibt geschrieben. Ausradieren ist nicht. Ich habe vorgebeugt. Inzwischen versucht er es gar nicht mehr. Die Löcher im Papier waren scheinbar zu frustrierend.

Ich sollte mich nun vielleicht auch vorstellen. Ich bin ein Tintenbleistift aus dem Jahr 1948. Damals war ich als eiserne Reserve in einer Schublade und wurde vergessen. 1967 wurde ich für kurze Zeit auf dem Schreibtisch deponiert, kam aber nur ein paarmal zum Einsatz. Dort sahen wir uns zum ersten Mal, wenn mich meine Erinne-

rung nicht trügt. Ich verschwand dann in einer Holzkiste mit einem Messing-Drehriegel und den Aufschriften Managua, Port au Prince, Kingston, San Domingo, Trinidad.

Auf der Innenseite prangt ein Ausschnitt aus einer Weltkarte mit der Karibik und der Aufschrift 'Indische Blumenseife' und dem Preis 1,50. Die Seifen sind schon lange nicht mehr, aber der Geruch. So fand ich mit

einem Stumpen Siegellack, einer Holzrolle mit Ersatzminen für Drehbleistifte und einer silbernen, verschraubbaren, mit Schreibfedern gefüllten Bombe und dem zugehörigen, grellgelben Federhalter, einer Schachtel Wachsmalkreiden und wenigen, stumpfen Farbstiften Unterkunft über Jahrzehnte.

Seit ein paar Jahren bin ich wieder im Einsatz und hoffe, es noch einige Zeit zu machen. So wie es aussieht, bin ich auserkoren, die folgenden Geschichten für dieses Buch zu Papier zu bringen. Ich halte mich für einen genauen Beobachter und akkuraten Berichterstatter. Mir entgeht so gut wie nichts. Ich bringe alles zu Papier, auch wenn ich manchmal nicht mit der Meinung des mich Führenden übereinstimme. Eigene Verantwortung übernehme ich nur für meine Einfügungen in den Text.

Ich gebe zu, zwischendurch schmuggle ich eigenmächtig Denkanstöße hinzu, aber wirklich nur manchmal, wenn gar nichts mehr vorwärtsgeht. Ich lasse es immer so erscheinen, als sei mein Freund der mich Leitende. Mir ist die Ehre egal. Ich könnte nicht einmal einen Nutzen daraus ziehen.

Einige nennen mein Verhalten weise, ich sage dazu, sich anpassen. Um Ärger zu vermeiden und nicht wieder für Jahre in der Holzkiste zu verschwinden, werde ich meine Kommentare und Änderungen stark einschränken. Ich weiß, ich werde es kaum können. Wenn ich wieder in der Kiste verschwinden sollte, gehe ich davon aus, dass wir uns nicht mehr sehen werden. Und ob seine Erben mich gut behandeln werden, ist fraglich. Sie wissen mit mir wahrscheinlich gar nichts anzufangen.

Ich habe meine Änderungen und eigenen Gedanken für den Druck in Kursivschrift ausgeben, um nicht zu sehr aufzufallen. Am Anfang und Ende steht jeweils ein ‚S'. Ich hoffe, so wird es vom Leser leichter wahrgenommen. Wenn nicht, ist es auch gut.

Das ‚S' steht für Stift, auch wenn ich kein Lehrling mehr bin. Ihr verzeiht mein Grinsen.

Praeambulum (aus Verständnisgründen am Ende):

Ich ermächtige meinen Besitzer, auch wenn ich einmal nicht mehr bin, das von mir Geschriebene in seinem Namen zu veröffentlichen. Mag er das Geld und den Ruhm behalten. Mir wird es sowieso keiner danken.

Um mich an die rechtlichen Gepflogenheiten der heutigen Zeit zu halten, distanziere ich mich von allem, was mit mir geschrieben wurde und wird. Vorsorglich gleich vom Inhalt des ganzen Buches. Ich berufe mich jetzt schon auf generelles Nichtwissen, ersatzweise geistige Unzurechnungsfähigkeit und gebe wiederum ersatzweise zu Protokoll, des Lesens nicht kundig zu sein. Sollte ein pfiffiger Richter trotzdem einen Paragraphen ausgraben, egal wo immer, der für einen Schuldspruch ausreicht, beantrage ich, die Strafe in meiner Kiste, siehe oben, abliegen zu dürfen. Eine anschließende Resozialisierung verspricht unter diesen Umständen den meisten Erfolg.

Im Falle einer Niederlage des Klägers bei Gericht beantrage ich, dass der Kläger und ihm Befreundete sich mir nicht näher als 5 (in Worten fünf) Meter nähern darf /

dürfen und mich nicht berühren darf / dürfen. Wie oft schon wurde ein Bleistift aus reiner Wut zerbrochen.

Wenn eine eventuell eingereichte Klage gegen mich nicht angenommen wird, verklage ich im Gegenzug jetzt schon den Kläger wegen Ruhestörung.

***

Wenn Sie, lieber Leser die Meinung vertreten, es sind weitere Sicherheitsvorkehrungen meinerseits zu treffen, lassen Sie es mich wissen. Am besten über meine E-Mail-Adresse stift@w-portal.de. Anregungen und Kritik können dort ebenfalls hinterlassen werden.

***

Lieber Leser, komm doch mal näher. Er braucht es ja nicht zu erfahren.

Soeben habe ich ihn ziemlich aufgeregt erlebt, als er mich überging und seinen Text direkt in den Computer eingab.

Als Abschnittstrenner fügte er zeilenmittig drei Sterne ein. Das gab es im Buchdruck immer schon. Sein schlauer Computer setzte eine rote Wellenlinie darunter. Die Rechtschreibkorrektur hatte zugeschlagen. Haha! Wie blöd so ein Besserwisser sein kann!

Ein Markieren, als in diesem Fall richtig, schlug ebenso fehl, wie die Aufnahme in sein eigenes Wörterbuch. Dafür bekam er als Korrekturvorschlag: Stern, Stern,

Stern und Asterisk, Asterisk, Asterisk und Sternchen, Sternchen, Sternchen.

Wundert euch nicht, wenn irgendwo dergleichen auftaucht. Dann hat ihn der Rappel gepackt.

S

Gedanken der letzten Stunde

Take another piece ...

Eingebrannt. Warum? Sie kommen immer wieder hoch. Worte, Zeilen, Satzteile, Bilder. Warum reicht manchmal der erste Ton, um ein Musikstück zu erkennen?

Gestern konnte ich noch sprechen. Vorgestern sogar denken.

Ich hätte Drogen nehmen sollen. Ich hätte zum Alkohol greifen sollen. Ich hätte … Ja, hätte ich oder besser doch nicht?

Warum soll das Gras von unten betrachtet schöner sein als von oben? Warum sollte ich es nicht betrachten?

Ich habe Glück. Die Haut hält mich zusammen.

Chelsea Hotel, Woodstock, Schönsee. Erinnerungen an Gewesenes und Nicht-Gewesenes. Wunschtraum.

Gelb verödet zu Grau. Grau gab es nicht und wird es nie geben, aber es existiert. Vergangenheit ist Gegenwart. Zukunft resultiert aus Vergangenheit. Brauchen wir eine Gegenwart?

Müssen wir wissen, was Dylan nicht wusste? Hat Kafka das Leben nicht ausführlich genug beschrieben? Steckt hinter dem Sinn wirklich ein Sinn?

Der Mensch hat eine Seele. Wo? Warum? Braucht die Evolution die Seele? Hat der Sinn eines Gefühls einen Zweck?

Gestern hätte es schneien können. Vielleicht hat es. Hat die Mitteilung einen Nutzen? Übrigens haben wir heute nicht Oktober.

Eingebrannt. Warum? Zeilen suchen mich heim. Töne, Sätze, Phrasen. Nein, Phrasen sind es nicht. Sie verkündeten eingebrannte Aussagen, die Worte. Sie haben Bedeutung, weil sie etwas vermittelten. Und weil das Ausgesagte bestehend gilt. Ich verweigere mich dem Neuen, solange das Alte seine Gültigkeit nicht verloren hat.

Ist nicht jeder Satz schon einmal gesagt worden? Ist nicht jeder Gedanke schon gedacht worden? Warum soll ich ihn neu denken? Wir sagen *hinter den Sternen* und drücken damit aus, wir wissen etwas nicht. Wer hinter den Sternen lebt, weiß nichts von uns. Stimmt das?

Steine sind dazu da, um im Weg zu liegen. Wer den Stein berührt, der ist verloren. Wer glaubt, was er gelernt hat, gelte, wird lernen müssen, was morgen gilt.

Ich möchte nicht wissen, was ich weiß. Wissen hat kein Gewicht aber Gewicht. Nehme ich mit meinem Tod das Gewicht mit? Kann ich etwas mitnehmen? Oder steht dann einer dort, um Übergewicht extra abzurechnen? Nützt es, vorher zu packen und zu überlegen, was man mitnehmen möchte? Gibt es etwas, was lohnt, mitgenommen zu werden? Liebe? Ja, habe ich auch schon einmal gehört.

Den Augenblick gibt es in drei Zeiten, wenn man den Konjunktiv ignoriert und die Zeit außer Acht lässt. Die Möglichkeitsform beschreibt eine Parallelwelt. Gegenwart ist Vergangenheit in dem Augenblick, in dem man ihrer gewahr wird.

Gesetzt den Fall, die Erde dreh(t)e sich nicht, würden wir dann, dem Gesetz der Schwerkraft folgend, im Boden verschwinden? Ist dieses Naturgesetz eine Erfindung Newtons? Gilt es möglicherweise nur für Äpfel? Wird der Fall oder das Versinken im Boden gemindert durch die Fliehkraft, die durch die Erdumdrehung entsteht. Entsteht überhaupt eine Kraft?

Selbst die Maus müsste sich erst schlaumachen, nehme ich einmal kühn an. Falls nicht, Chapeau oder Pffff.

Hat das Leben mit dem Leben zu tun? Ist es nicht nur eine Erfindung des menschlichen Gehirns?

Eingebrannt. Warum? Weil das Hirn zu allem fähig ist. Nur der Mensch ist nicht fähig, daraus Schlüsse zu ziehen.

Wenn die Musik zu Ende ist …

Gut dass ich heute geordnete Gedanken hatte.

S

Als er einmal auf mir herumkaute, es ist schon eine Weile her, habe ich mitbekommen, dass die Überschrift als erstes stand. Und er Gedanken wälzte, was sich ein zum Tode Verurteilter in seiner letzten Stunde denken mag.

Das hier, denke ich, höchstwahrscheinlich nicht. Aber wer weiß?

Er behauptet, er habe das drogenfrei geschrieben. Gott und ich sind sein Zeuge. Er sagt die Wahrheit.

S

Ein Auto hupte

Es hat zu schneien begonnen. Stille läuft durch das Tal. Ab und zu murmeln ein paar Tannen und eine Krähe knarrt in der Kälte. Es ist kein Hauch von Wind zu spüren.

Das meterhohe Weiß wird mit einer frischen Decke eingebettet.

Weit, unendlich weit weg ist ein winziges Lichtlein zu erkennen.

Übertrieben große Flocken lassen sich, den Fallschirmchen des Löwenzahns gleich, auf den schwer belasteten Ästen der Tannen und auf den bizarren, hilflos wirkenden Zweigen der Sträucher, auf den Felsen, die verstreut am ehemaligen Wegrand liegen und auf dem schwarz-blauen Gefieder der Krähen - ein Auto hupt - nieder.

Es scheint eine Ewigkeit des Nichts vergangen zu sein, als es weiter schneit.

Unhörbar knirscht der Schnee unter den Tritten. Er ist weicher als ein Daunenbett – aber ein Auto hupte.

S

Das nennt man heute wohl Micro-Story. Sorry Kids, das ist nichts Neues. Der Text ist mehr als fünfzig Jahre alt.

S

Blickwinkel-Chroniken

Habts Ankunft

Habt. Ja Habt, so nannten ihn alle. Keiner wusste und weiß bis heute nicht, wo der Name hergekommen war. Er war plötzlich da. Genauso wie Habt plötzlich da gewesen war, aus dem Nichts. Vielleicht war er über Nacht auf einem Feld gewachsen, oder im nahen Wald. Wahrscheinlich hatte ihn aber der Wind hergeweht. Der Wind, der nun allgegenwärtig war, genauso wie Habt. Kaum jemand erinnerte sich an die Zeiten, als der Wind noch ein sporadisches Lüftchen gewesen war, das verträumt die Bäume durchkämmt und die Mauern der Schleuse gestreichelt hatte, um dann einen kurzen Abstecher an die ersten Häuser im Ort zu machen, bevor es im Nirgendwo verschwunden war. Dieses Lüftchen war nun nicht mehr. War es erwachsen geworden oder vom inzwischen lästigen, stets und überall zerrenden Wind vertrieben?

Ja, der Wind war früher da als Habt. Ja, das war er. Da waren sich alle sicher. Und jeder im Dorf fragte sich, wie lange er noch bleiben werde. Er, der Wind. Und er, Habt.

Warum war es nicht wie früher. Musste dieser Wandel das Dorf heimsuchen? Mancher schob Habt die Schuld in die Schuhe, obwohl dies Unsinn war und jeder das wusste. Wie konnte jemand Schuld haben an der Existenz des Windes, welcher nachweislich und in allen Gehirnen verankert, schon vorher da gewesen war?

Als Habt ins Dorf kam, hatte er keinen Namen. Da waren sich alle einig. Wieso sollte eine einzelne Person, die keinen Kontakt suchte und die von niemandem angesprochen wurde, einen Namen brauchen? Wozu? Habt hatte sicher nicht einmal einen Zettel in der Tasche, auf dem sein Name vermerkt war. Er brauchte keinen. Wofür auch? Mit Sicherheit wusste zumindest er seinen eigenen Namen. Da aber die Dorfbewohner nicht auf Dauer nur von 'ihm' sprechen konnten, gab ihm irgendjemand den Namen Habt. Keiner wusste und weiß selbst heute nicht, wer den Namen zuerst ausgesprochen hatte. Keiner wusste, was dieser Name bedeuten sollte, aber er machte ruckzuck die Runde und war, glaube ich, bereits am ersten Tag jedem so geläufig, als sei Habt schon immer im Dorf gewesen und habe schon immer so geheißen.

Die Menschen sind eigenartig. Sie schließen einen aus oder ins Herz ein, gerade wie es ihnen gefällt, und niemand weiß, was sie im jeweils aktuellen Fall tun werden. Jedes Mal ist es eine Überraschung. Manchmal reagieren alle gleich, manchmal bilden sich Gruppen und oft hat jeder seine eigene Meinung.

Wie das nun bei Habt gewesen war, als er plötzlich auf der Bank unter der Dorflinde saß, wusste keiner mehr. Alle Dorfbewohner hatten ihn scheinbar gleichzeitig gesehen, auch die, die draußen auf den Feldern waren, obwohl die ihn zur nämlichen Zeit gar nicht gesehen haben konnten. Aber jeder wusste von Habts Anwesenheit im Dorf und jeder war sich sicher, dass er ihn als erster gesehen hatte. Niemand konnte sich erinnern, von Habts Anwesenheit von jemand anderem erfahren zu haben. Keiner sprach über diese Ungewöhnlichkeit, für alle war die Tatsache der Gleichzeitigkeit das Selbstverständlichste auf der Welt.

Am Abendtisch wurde gerätselt, wo er hergekommen sei, was ihn hergeführt habe und wo er wohl nachts über bleiben werde. Die meisten schienen sich auf den Wind geeinigt zu haben, denn das war das Wahrscheinlichste. Und bleiben werde er da, wo ihn der Wind hintreibt. Was er im Dorf wolle, werde man schon zu gegebener Zeit erfahren. Über Habts Nachtlager machte sich bald keiner mehr Gedanken. Irgendjemand werde ihn schon aufnehmen. Vielleicht werde er im Gasthaus übernachten. Dass der Wirt, der beklagenswerte Witwer, seiner Frau nach kurzer Zeit gefolgt und erst vor einer Woche bestattet worden war, das bedachte niemand.

Kein einziger Wortwechsel hatte mit dem Neuankömmling stattgefunden. Das Leben ging seinen Gang, nur eben mit Habt. Was hätte man ihm sagen können? Im Dorf wusste jeder alles von jedem. Was sollte man darüber reden? Und was hätte man ihn fragen können? Woher er komme? Was er hier wolle? Er werde es schon mitteilen, wenn er die Zeit reif hielte. Davon waren alle überzeugt. Alles regelt sich mit der Zeit von selbst, das war immer so gewesen. Warum sollte es in diesem Fall anders sein?

So verging die erste Nacht. Am nächsten Morgen, als einer nach dem anderen sein Haus verließ, um beim

Bäcker sein Frühstück zu holen, um aufs Feld zu gehen oder seine sonstigen täglichen Aufgaben zu erfüllen, saß Habt schon auf der Bank unter der Dorflinde. Manche dachten, er habe sich seit gestern nicht vom Fleck gerührt. Doch wer hätte ihm das Hörnchen gebracht, das er für alle sichtbar, mit höchstem Genuss andächtig verzehrte. Jeder glaubte, er sei der Erste, der das Haus verlassen habe, und der Bäcker hatte sicher keine Zeit gehabt, ein einzelnes Hörnchen durchs halbe Dorf zu tragen, da er doch aus Erfahrung wusste, dass alle jeden Tag nur darauf warteten, dass er aufmache. Aufgrund der ersichtlichen Verzückung, mit der Habt in das Hörnchen biss und mit kerzengeradem Oberkörper auf der Bank saß, auf der sonst jeder nur leger auf seinen Stock gestützt oder das Kinn haltend, die Ellenbogen auf den Knien ruhend dasaß, konnte man meinen, Habt sei ein Aristokrat.

Aber was sollte ein Adeliger hier in ihrem Dorf? Hierher verirrte sich schon lange keiner mehr, und mit keiner meinten sie nicht nur Aristokraten. Das Dorf lag abgelegen am Ende eines sanften Tals, wie auf einer Insel, abgeschlossen von Klippen und tosender Gischt. Nur Lebensmüde hätten es gewagt, für nichts und wieder nichts hierher zu gelangen. War Habt etwa einer von denen?

Das wäre endlich ein Thema für den abendlichen Besuch im Gasthaus. Bei diesem Gedanken erinnerte sich plötzlich jeder, dass es ja gar keines mehr gab. Es existierte schon eines, aber es war kein Wirt mehr da. Gar mancher grübelte den ganzen Tag, während seiner Arbeit auf dem Feld, in der Küche oder in der Werkstatt, wo denn Habt geschlafen haben mag und vielleicht werde. Am Abend werde man diese Ungewissheit aber definitiv klären. Die Allgemeinheit konnte nicht länger im Ungewissen gehalten werden. Selbst wenn zum äußersten Mittel gegriffen und eine Gemeindeversammlung einberufen werden musste. Die Ordnung im Dorf war in Gefahr. Es konnte nicht angehen, dass etwas vorging, von dem nicht jeder alles wusste. Es bestand dringender Handlungsbedarf.

Ach, ich wollte noch erzählen, dass der Tag einer der herrlichsten war. Die Sonne schien von früh bis spät, nicht zu heiß, auch nicht zu kalt. Vereinzelte Lämmerwölkchen verzierten den Himmel, man sah sie bei genauem Hinsehen richtiggehend hüpfen. Der Dorfbrunnen plätscherte monoton. Die einäugige Katze, die sich einmal mit dem hinkenden Hund angelegt hatte, überquerte den Dorfplatz, von der Kirche in Richtung Gasthaus. Nach kurzer Zeit nahm sie den gleichen Weg wieder zurück. War sie nicht unterrichtet worden, dass der Wirt nicht mehr lebte und somit der gewohnte Teller mit rohen Fleischresten und der zweite mit etwas Milch nie mehr bereitgestellt werden? Deutete dies nicht auf eine schleichende Revolution in der Dorfgemeinschaft oder doch wenigstens auf einen Schlendrian hin?

Auch dieses Problem musste auf der abendlichen Gemeindeversammlung aus der Welt geschafft werden. Die Wahrscheinlichkeit einer Einberufung wuchs immer mehr. Doch wer sollte dies tun? Der Wirt, schließlich war er der Dorfvorsteher gewesen, der dies immer getan hatte, war tot. Ein neuer Verantwortlicher war noch nicht auserkoren. Die Räume konnten nicht genutzt werden, da niemand mehr da war, um sie aufzuschließen. Eine Bewirtung konnte nicht stattfinden, da der Wirt ja tot war und wie schon erwähnt, seine Frau auch.

Die Schlüssel waren nach deren Ableben dem Dorfältesten, von ihm wird später die Rede sein, übergeben worden, vorschriftsmäßig, wie es immer schon Sitte war. Dort blieben sie, bis die Eigentumsverhältnisse klar, das Testament, sofern vorhanden, erfüllt war und das ganze Dorf seinen Segen dazu gegeben hatte. Da die Wirtsleute ohne Nachkommen waren, hatte niemand Eile gehabt, irgendetwas in der Sache voranzutreiben. Dies schien sich jetzt zu rächen.

Das Ganze begann aus dem Ruder zu laufen, und alles nur, weil dieser Habt ins Dorf gekommen war, ohne dass man sich vorbereiten hätte können. Ohne Habt hätte es gar kein Problem gegeben, hätte in Ruhe geklärt werden können, wie in Zukunft Gemeindeversammlungen abgehalten werden. Nun aber wurde ihnen eine Eile aufgedrängt, mit der keiner umgehen konnte, und Hektik war etwas, was dem Dorf vollkommen fremd war. Auch zum Beschluss einer geänderten Lebensgeschwindigkeit hätte es einer Versammlung bedurft. Ein Strudel begann sich zu formen. Und das wussten alle, einen Strudel musste man beim Entstehen in den Griff bekommen, oder besser, beseitigen, denn hier lauerte Gefahr.

Die Blätter der Linde weigerten sich, auch nur einen Laut von sich zu geben, gerade als grübelten sie mit, und allen fiel auf, dass der Wind heute wieder das Lüftchen von einst war. War das auf Habt zurückzuführen? War er deshalb gekommen?

Dieser Habt fing an, richtig unangenehm zu werden. Ein Wirbel von diesem Ausmaß kam ja schon fast einem Tornado gleich, auch wenn niemand wusste, was ein Tornado war, da noch nie einer in ihrer Gegend gewütet hatte. Aber dessen Ausmaß und Folgen wurde angenommen.

Die inzwischen angehäufte Vielfalt der Tagungspunkte konnte gar nicht an einem Abend abgearbeitet werden, selbst wenn der Wirt noch gelebt hätte. Sollte man sich nicht lieber gleich dem Feind ergeben? Doch wer war der Feind? Habt? War er gekommen, um die Macht an sich zu reißen? Das hatte noch keiner gewagt, kein Fremder und keiner vom Dorf, zumindest konnte sich niemand daran erinnern. War dies das Geheimnis seines einzigartigen Namens, den nie einer vorher gehört hatte? Hier möchte ich den Leser darauf hinweisen, dass der Name seinen Ursprung im Dorf hatte. Doch daran dachte in diesem Augenblick keiner von ihnen.

Alle waren zu sehr damit beschäftigt, über die Notwendigkeit einer Versammlung zu grübeln. Kein Dorfvorsteher war da, der dies regeln hätte können, kein Wirt, der die Räumlichkeiten zur Verfügung stellen hätte können. Von der Notwendigkeit der Bewirtung hätte man ja in diesem Einzelfall ausnahmsweise abweichen können, um sozusagen etwas Pep ins Dorfleben zu bringen. Und ob Sie, mein geneigter Leser, es glauben oder nicht, mittags, Schlag 12 Uhr, die Turmuhr schlug es wirklich, also mit dem letzten Schlag hatten alle die gleiche Idee. Man könnte doch Habt zum neuen Dorfvorsteher machen. Der hatte offensichtlich Zeit, sonst wäre er ja nicht gekommen. Außerdem müsste er dann Farbe bekennen, warum er hier war; und an diesem Wissen waren alle interessiert. Jeder hielt den Gedanken und seine spätere Ausführung für genial. Warum war nicht schon früher jemand anderer darauf gekommen? Die Leute hier im Dorf scheren sich nichts um das Gemeinwohl. So oder so ähnlich dachte wohl jeder, sozusagen als kleine Abschweifung.

Habt zum Dorfvorsteher zu machen, hatte nur einen kleinen Haken. Dies dämmerte so nach und nach allen. Wer sollte mit ihm als erster reden, denn irgendjemand musste ihm ja den Antrag machen. Sonst könnte er ihn logischerweise nicht annehmen, oder was vielleicht noch schlimmer gewesen wäre, sogar ablehnen. Furcht stieg auf und jeder verfluchte, dass irgendeiner von ihnen einen solchen Gedanken jemals zu denken gewagt hatte. Wäre Habt nur nie ins Dorf gekommen. Das Leben wäre zwar langweilig gewesen, aber jeder hätte es im Griff gehabt. So aber?

Das Dorfleben steuerte auf ein Desaster zu, unabwendbar und alles vernichtend. Hätten sie vor einem Jahr nicht so großspurig getönt, der Bischof könne seinen neuen Geistlichen behalten, einen wie den alten gebe es nicht noch einmal. Und da der Bischof der Überzeugung war, er halte den längeren Hebel, das Dorf würde schon klein beigeben und ihm dankbar sein, wenn sein neuer Pfarrer sich hier niederließe, schickte er keinen Ersatz. Seine Rechnung schien aufzugehen. Doch, um genau das zu verhindern, wurde der angedachte Gedanke sofort wieder aus den Köpfen der Dorfbewohner verbannt.

Sollte etwa Habt der neue sein und sie ausspionieren wollen. Da käme er gerade recht und zu den Richtigen.

Jeder schwankte zwischen Abneigung, Neugierde und der Hoffnung, diese verzwickte Lage möge sich schnell in Gottgefallen auflösen. Mancher überlegte schon, ob es richtig war, den Bischof so verärgert zu haben. Er hatte mit dem neuen Pfarrer doch sicher das Wohl des Dorfes im Sinn. Man hätte sich wieder mit der, bei der Messe stattfindenden Kollekte abfinden können, auch wenn sie bei jedem ein Loch in den Säckel riss, nur um den Palast des Bischofs noch größer und prachtvoller zu gestalten.

Ein Pfarrer wurde zwar als nicht produktiv eingestuft, aber er hatte einen Vorteil. Er durfte das ihm Erzählte nicht weitertratschen. Die Gefahr eines Lecks in der Verschwiegenheit war im Gasthaus in geselliger Runde, oder bei Zwiegesprächen auf dem stillen Örtchen, nicht gegeben. Und obwohl jeder von jedem alles wusste, waren etliche der Meinung, das dem Pfarrer Anvertraute sei geheim und nur unter dem Siegel der Verschwiegenheit einem einzigen Menschen erzählt worden; besonders die Frauen dachten so.

Nun sei's drum. Das löste das aktuelle Problem nicht. Eine ultimative Lösung musste her. Das Chaos schien an Fahrt aufzunehmen, schien keine Dämpfung mehr zu akzeptieren. Sollte man Habt aus dem Dorf jagen? Doch wie? Wer sollte den Anfang machen? Wenn Habt nur ein einfacher Wanderer war, den es von den Hauptwegen hierher ins Abseits verschlagen hatte? Womöglich wollte er gar nicht hier her, hierher, wo es doch so schön war. Niemand wollte fort von hier, folglich musste der Ort doch seinen Reiz auch auf andere ausüben. Hatte man Habt unrecht getan? Man sollte in der Versammlung lieber überlegen, wie man dieses Unrecht wieder gut machen könne. Vielleicht wenn jeder ihn für eine Nacht aufnehmen und ihn festlich bewirten würde? Das würde ihn sicher besänftigen. Und nebenbei könnte man ihn aushorchen, warum er hier sei. Diese Gedanken beschäftigten von nun an die Dorfbewohner. Die, die konnten, spähten, sich tief im Schatten der Gardinen haltend, hinaus zur Dorflinde, teilweise um sich zu vergewissern, dass Habt noch da saß, teils um nichts zu verpassen, wenn es losginge.

Und was tat Habt? Der saß auf der Bank im Schatten unter der Linde und schien das Leben zu genießen. Manchmal schweifte sein Blick über den Dorfplatz, um sich dann wieder im Nichts und Nirgendwo zu verlieren.

Ob er das Dorf und seine Menschen beobachtete, ob er auf einen einzelnen lauerte, um ihn zu vernichten! Oder zu herzen? Zum Glück waren dies nur Gedanken derer, die ihn sehen konnten, wie er so dasaß, als könne er kein Wässerchen trüben. Wären dies die Gedanken aller gewesen, wären sie sicher sofort zusammengekommen und hätten ihn - auch ohne Anführer und treibende Kraft - gelyncht. Er hätte den Abend mit Sicherheit nicht erlebt, was auch eine Lösung gewesen wäre. Doch glücklicherweise kamen eben nicht alle auf diese Gedanken. Die, die drauf gekommen waren, wunderten sich zwar, dass nichts geschah, da das Dorf doch sonst immer einer Meinung war. Vielleicht gehörte es zum Plan von Habt, das Dorf zu teilen; das war ihm gelungen. Aus Furcht vor Schlimmerem wagte es niemand, mit dem anderen darüber zu reden, nicht einmal mit dem direkten Nachbarn, der ja wirklich mehr über einen wusste als man selbst. Hoffentlich kommen die vom Feld bald wieder, dann könne man gemeinsam beratschlagen und untergehen. Gar mancher beneidete die draußen auf der Flur, dass sie nicht von solchen Ängsten heimgesucht würden und solche Qualen zu ertragen hatten.

Ach ja, am Nachmittag, als die Sonne nicht mehr ganz so hoch stand, kreiste das Bussardpaar wie jeden Tag über den Feldern und spähte nach aufgescheuchten Kleintieren. Doch das war, wie gesagt, nichts Besonderes. Das heute Beunruhigende war, dass sich die Bauern nicht sicher waren, ob es wirklich die Bussarde waren oder vielleicht Raben. Niemand war sich sicher, ob zwei Raben den Tod bedeuteten. Angst zog ein und beunruhigt rechten die Leute das Heu schneller zusammen; als könne dies etwas ändern. Waren die beiden Vögel etwa Verbündete Habts. Hielten sie ihn auf dem Laufenden, was im Dorf und herum geschah? Signalisierten sie es ihm mit ihren Flugbildern? Die Linde ließ es zu, dass man von dort diesen Flecken Himmel einsehen konnte. Ein, durch einen im Frühjahr abgebrochenen Ast, entstandenes Loch im Laubwerk gab den Blick frei. Sollte das etwa auch Teil von Habts Plan gewesen sein? Warum wollte er das Dorf vernichten?

Es begann in den Köpfen der auf dem Feld Arbeitenden zu brodeln. Hatte jemand im Dorf etwas angestellt, was niemand wusste? Sollten jetzt alle dafür zur Rechenschaft gezogen werden? Die vom Boden reflektierte Hitze, ja, jeder meinte dass es keine, wie bei Heizkörpern abgestrahlte Wärme, sondern eine direkte Reflexion der Sonnenstrahlen war, nur eben unsichtbar und nur als Hitze, schien direkt in die Köpfe zu dringen. Das Blut dort begann zu kochen. Wut über Habt, gepaart mit Angst, brachte die Schädel fast zum Bersten. Hatten sie ein derartiges Leiden, und nun schon über den ganzen Tag, um gestern nicht zu vergessen, wirklich verdient? Und wenn ja, warum? Auf dem Feld gab es keinen, der nicht den Abend herbeisehnte. Dann würde alles ein Ende haben. Jeder spürte, dass der Abend eine Lösung bringen würde, egal wie sie aussehen werde. Es war nicht zum Aushalten. Wie schön hatten es die im Dorf, die ahnten nichts von der Gefahr, die über ihnen schwebte, im wahrsten Sinne des Wortes.

Eigentlich gab es im Dorf nur zwei Personen, die das Dilemma beseitigen hätten können. Der eine war der Älteste im Dorf. Er wohnte gleich neben der Schleuse, die er früher als Wärter bedient hatte. Jetzt kamen keine Boote mehr. Der Kanal war überwuchert mit Bäumen und Sträuchern. Selbst kleine Ruderboote hatten ihre Mühe, sich durch den Dschungel zu kämpfen. Das wurde seit langem von keinem mehr versucht. Ja, jetzt war der Wärter ein alter Mann, vielleicht genauso alt wie der Kanal. Beide lebten von und in ihren Erinnerungen; wobei der Wärter zusätzlich einen kleinen Garten für den Eigenbedarf hinter dem Haus unterhielt, oder besser gesagt mit seiner Frau, die genauso alt war wie die beiden, der Kanal und der Mann. Sie waren die ältesten Personen im Dorf. Ob nun die Frau oder der Mann älter war, wusste niemand genau zu sagen. Dies spielte auch nicht die Rolle, weil der Mann das Oberhaupt der Familie war, und daran wollte keiner rütteln, schon gar nicht, wenn es um eine Frau ging.

An den Alten heranzukommen war unmöglich, denn wenn er schlief, verscheuchte seine Frau alle, die diese Ruhe hätten stören können, Mensch und Getier. Und der Alte ruhte ständig. Ja, seit mehreren Monaten schon hatte mit ihm keiner mehr gesprochen. Wenn er auf war, war er in seinem Garten. In den konnte niemand hineinsehen, da eine gefühlt bis zum Himmel reichende, dichte, keine Lücke freigebende Hecke den Garten von drei Seiten umschloss. Diese war nicht immer so hoch gewesen. Es war nur so, dass die beiden Alten zu gebrechlich geworden waren, um auf die Leiter oder auch nur einen Schemel zu steigen. So schoss die Hecke eigenwillig, um sich vielleicht für die früheren Zuschnitte zu rächen, in die Höhe.

Die vierte Seite bildete das Haus, und durch dieses kam niemand, da die Frau dies verhinderte. Aus Furcht vor dem Gezänk der Alten wagte es keiner, durch die Hecke zu rufen und so mit dem Alten Kontakt aufzunehmen. Er hätte ja schlafen können, und dann wäre die Begegnung nur mit seiner Frau zustande gekommen, und davor fürchtete sich jeder.

Übrigens, ganz im Vertrauen, selbst wenn der Alte wirklich einmal nicht geruht haben sollte, kam keiner hinein, da die Frau keifte und unmissverständlich jedem, der Einlass begehrte, zu verstehen gab, dass sie gerade den Teppich gereinigt habe. Der Bittsteller möge doch wieder kommen, wenn der Teppich schon etwas angeschmutzt sei. Dies Wiederkommen war jedoch illusorisch, da der Bodenbelag mindestens einmal am Tag gereinigt wurde und somit nie entsprechend schmutzig werden konnte. Zudem waren draußen getragene Schuhe im Haus tabu. Und falls es wirklich einmal zusammentraf, dass ein Bittsteller kam, wenn der Teppich von ihr als schmutzig genug erachtet wurde, betreten werden zu können, dann, ja dann ruhte der Hausherr leider gerade.

Sie werden jetzt fragen, warum hier von Bittsteller die Rede ist. Sie betrachtete jeden als Bittsteller, auch wenn der Besucher wirklich nur zu Besuch kommen und nachsehen wollte, ob es den beiden gut gehe. Auch solche Personen wurden als Bittsteller eingestuft, weil sie ja um ihre Zeit baten, von welcher die Alte glaubte, nicht mehr in ausreichendem Ausmaß zu haben.

Der zweite, der in Frage kam, sie erinnern sich, es waren zwei, die eventuell in der Lage gewesen wären, das Dilemma zu beseitigen, zumindest meinte dies das ganze Dorf, war der Eremit draußen hoch über der Klippe. Zu ihm wagte sich aber keiner, weil erstens der Weg dorthin nicht nur beschwerlich, sondern auch gefährlich war, zweitens in dieser brenzligen Lage keiner das Dorf allein lassen konnte, und drittens nicht sicher war, ob der Eremit überhaupt mit ihnen sprechen wollte. Wann die wenigen Minuten seiner stark eingeschränkten Zeit des Sprechens mit der Mitwelt waren, wusste niemand, da, bedingt durch die äußerst seltenen Besuche der Dorfbewohner dort draußen, keiner mehr wusste, wann man mit ihm reden konnte. Seine Sprech- und Schweigezeiten hielt er unabänderlich ein. Vielleicht wegen eines Gelübdes, vielleicht aus Wut, weil ihn keiner besuchte, vielleicht aus Trotz. Man wusste es nicht. Vielleicht war er schon gestorben. Niemand wollte sich auf den äußerst gefährlichen Weg am Fuße der Klippe, bedroht von den herantobenden Brechern der See, und den steilen Pfad hinauf, der beißenden Gischt ausgesetzt, zu seiner kleinen Hütte wagen, womöglich umsonst.

Damit war das Schicksal des Dorfes besiegelt. Eine Lösung war an diesem Abend nicht wahrscheinlich. Resignation machte sich breit.

Währenddessen saß Habt immer noch unter der Linde am Dorfplatz. Vielleicht ahnte er von all dem nichts, vielleicht wollte er auch nur nichts wissen.

Je mehr ich erzähle, umso mehr kommt mir eine Erklärung für den Namen Habt in den Sinn. Nicht beim Erzählen, nein, bei den kleinen Gedankenpausen, die ich mir gönne. Die Pausen, in denen der Leser einen Satz wiederholt lesen muss, weil ihm der Sinn beim ersten Überfliegen nicht völlig klargeworden ist. Ich gebe zu, die Sätze sind verschachtelt, aber so ist die klassische Erzählweise. So ist mir der Schnabel nun einmal gewachsen.

Vielleicht hat irgendjemand gefragt 'Habt ihr den schon gesehen?' und durch Hörfehler und Verballhornungen blieb letztendlich nur noch das Habt. Ja, so könnte es gewesen sein. So bleibt es, bis mir etwas Besseres einfällt. Bin gespannt ob am Ende nur noch das 'H' übrig bleiben wird, oder gar nur ein Hauch eines Buchstabens, ein letztendlich nichts mehr zuordenbarer Laut.

***

Es geschah noch viel an diesem Tag, aber nichts was die Bedeutung dessen, was ich bis jetzt erzählt habe, übertreffen hätte können ....

Der Blick ins Dorf

Da sitze ich nun, auf einer Bank mit Wurmlöchern; einer rauen, durchgebogenen, der man ansieht, dass sie ein Leben lang gegen die Sonne und den Regen gekämpft hat; manchmal auch mit dem Schnee; auf einer Bank, die sich an eine Feldeinfassung aus aufgehäuften Steinen anlehnt, welche die Dorfbewohner über Jahrhunderte von ihren Wiesen gesammelt haben; im Schutze dieser Mauer, die den Wind abhält, der über das Plateau streicht.

Nur ab und zu gelingt es einer wandernden Ausreißerböe, einer Mutter gleich, sanft durch das Haar zu streichen, als wolle sie auf die Schönheiten der Landschaft hinweisen; mal rechts, mal links.

Ginster lockt Bienen und Hummeln an. Sie tanzen im Windschatten der Mauer. Eidechsen klettern geschmeidig von Ritze zu Ritze und verweilen auf den glatten Flächen.

Vor mir liegt das Dorf – dösend und unter den Dächern doch so emsig. Der Blick schweift zur großen Linde unten am Marktplatz. Ich rede mir ein, das Plätschern des Dorfbrunnens zu vernehmen. Doch das ist unmöglich. Die Entfernung ist zu groß. Nicht einmal die Brandung kann ich hören, die hinter der Klippe am Land nagt. Wenn ich in diese Richtung schaue, sehe ich nur Wiesen und am Ende eine Mauer, die den Horizont trägt. Dahinter thront die Unendlichkeit.

Das Grün steigt hinter mir weiter an, nicht enorm, aber immerhin so viel, dass die Trennlinie im Norden ein Stockwerk höher liegt. Wo die Steinmauer und die Weide eine Ecke bilden, genau dort duckt sich ein Giebel und ein Kamin, dessen Rauch waagrecht abzieht, um sich sofort aufzulösen. Der Wind hat ein Spielzeug.

Ich sitze da, sehe das Tal hinauf, auf die gemähten Flächen und die Menschen, die das restliche Heu auf Anhänger laden und ins Dorf bringen. Ab und zu scheinen sie den Himmel abzusuchen, als sei etwas nicht da, wo es sein müsste.

Die Sonne ist noch drei Durchmesser vom Horizont entfernt. Wenn sie ihn berührt, kann sie auf der Straße weitergehen. Wird sie in den Bus einsteigen, mit dem ich gestern gekommen bin? Wird es ihr nicht zu weit sein bis zur Haltestelle?

Für die heutige Mitfahrgelegenheit ist es zu spät, für mich und die Sonne. Wir beide werden morgen früh auf das Dorf blicken und uns fragen, was wir hier wollen.

Gestern bin ich am Nachmittag hier angekommen. Ich bin den langen Weg über die Hochebene gegangen, teils auf der steinigen Straße, teils daneben durch die Heide.

In der Stadt hatten sie mir gesagt, ich solle den Bus in der Früh um sechs nehmen. Das sei der einzige am Tag, der nach Norden gehe. Ich solle dem Fahrer bei der Abfahrt schon sagen, dass ich beim Wegweiser am Hexengrund aussteigen wolle, denn dort steige nie jemand ein oder aus. Ich solle nichts auf seine ungläubigen Blicke und auf sein Gerede geben, schließlich wolle ich ja zum Meditieren hinaus fahren – ans Ende der Welt.

Dieses sei zwar noch nicht dort am Wegweiser, wenn ich aber der Straße gen Osten folge, werde ich nach zwei Stunden Fußmarsch ankommen.

Wenn ich zurückwolle, zurück in die Stadt, dann müsse ich abends um halb sechs wieder dort stehen. Der Bus komme um dreiviertel, manchmal auch früher; im Winter auch später. Ich wurde auch noch vergnügt darauf hingewiesen, dass jetzt nicht Winter, also die erste Möglichkeit die wahrscheinlichere sei. Ich solle dem Fahrer deutlich ein Zeichen geben, denn der halte dort nie, da ja nie jemand einsteige, wie erwähnt. Ans Ende der Welt will niemand, genauso wenig kommt von dort jemand. Ob er jemals schon dort gestoppt habe? Das könne sicher nicht einmal er beantworten.

So saß ich gestern und heute früh unter der Linde, mitten im Dorf, dessen Leben ohne mich auskam; ja vielleicht störte ich in diesem.

Das Kind, das mir heute das Croissant brachte, lange bevor die Ersten aus ihren Häusern gekommen waren, läuft gerade wieder zu diesem Baum. Es bleibt auf halbem Weg stehen. Will es wieder ein Gebäck bringen? Hat es bemerkt, dass ich nicht mehr da bin? Was wird es tun? Selbst essen? Zurückbringen?

Am Morgen, es war noch sehr früh gewesen, war das Kind aus der Bäckerei gekommen, hatte mir das Hörnchen hingehalten, ‘iss’ gesagt und war, so schnell wie es gekommen, wieder verschwunden. Erst danach sind die ersten Erwachsenen aus den Häusern erschienen und haben mich verwundert angesehen. Niemand sonst hat mich angesprochen. Kinder handeln aus dem Bauch. Sie sind es, die Neues probieren.

Man kann es Aberglaube nennen, vielleicht ist es das, aber am Ende der Welt scheint es sicherer zu sein, keinen falschen Schritt zu tun. Zuerst grüßen, das hätte so ein falscher sein können. Warum hat mich keiner angesprochen? Sie hätten mir am Abend ein Dach über dem Kopf anbieten können; haben sie aber nicht.

Das Dorf ist seltsam. Die Wirtschaft geschlossen, die Kirchenglocken hatten nicht geläutet; nicht während des Tages und auch nachts nicht; das Haus, in dem der Seelsorger wohnen sollte, scheint verwaist. Niemand hatte mit dem anderen gesprochen. Alle waren schnell in ihre Häuser abgetaucht. Selbst die, die von den Feldern heimgekommen waren, hatten geschwiegen. Sie hatten nur die Hand müde zum gegenseitigen Gruß erhoben und waren dann unter ihren Dächern verschwunden.

Vor den Häusern spielte sich gestern nichts ab, genauso wenig wie heute und jetzt. Schonen sie die Wege? Weil es niemand gibt, der sie reparieren würde? Wieder wundere ich mich, warum es nur Staubstraßen und -pfade sind. Die einzigen mit Steinplatten sind längsseits der Schleuse; und drüben auf der anderen Seite auf einem Weg, der entlang der Hafenmauer hinaus zum Meer führt. Das Meer reicht nicht bis zur Schleuse. Vielleicht kommt es später, vielleicht ist Ebbe. Ich werde warten, bis das Salzwasser das zweite Schleusentor umspült. Jetzt kämpft sich nur ein dünnes Rinnsal durch den

Schlick. Keine Boote sind zu sehen. Mögen sie hier keinen Fisch? Ist das Meer draußen schon tot? Oder die Brandung zu gefährlich. Wozu brauchten sie die Schleusenkammer, wenn Boote nur bis zur Schleuse fahren können? Konnten sie früher weiter?

Ein Häuschen steht abseits des Hubwerks. Es sieht gepflegt aus, bis auf die hohe Hecke die den anschließenden Garten wie einen Gefängnishof erscheinen lässt. Eine gebückte Figur macht sich darin in einem Beet zu schaffen.

Kein Laut dringt aus dem Dorf herauf. Kein menschlicher Laut - wie gestern unter der Linde. Sie sprechen nicht mit Fremden, sie sprechen nicht untereinander. Erinnerungen an die letzten sechsunddreißig Stunden klopfen in mir und wollen Aufklärung.

Manches erscheint mir, als würde ich es gerade erleben, manches wie vor Jahren verraucht. Vorbei wie die Zeit, als die Schleuse noch in Betrieb war; dort wo der Kanal endet.

Von hier oben kann man ihn weit hinauf sehen. Er ignoriert jede leichte Biegung des Tals mit einer widerspenstig geraden Linie. Es sieht so aus, als sei der Kanal zuerst da gewesen und das Tal versuche, ihn sich gefügig zu machen, erfolglos. Gebüsch scheint der Natur helfen zu wollen, denn es überdeckt das Wasser, nagt an den Mauern und Böschungen, wissend, dass ihm die Zeit zur Seite steht.

Zwei Möwen streiten über mir. Sie ignorieren den Wind; den, der unten bei der Linde nicht zu spüren war; den, der dort unten nur ein paar Blätter zum Rascheln bringen konnte. Sie drehen torkelnd ab und stürzen sich in den Spalt zwischen Mauer und Horizont.

Die Schleuse zieht mich wieder in ihren Bann. Nach dem ersten Tor versuchen Färbungen auf den Steinen, die Erinnerung an ein Gleis wach zu halten. Sie führen hinaus zum Meer. Vielleicht haben auch die Schienen den Spalt am Horizont entdeckt und sind darin verschwunden, aus Langeweile. Welchen Zeitraum mögen sie wohl ausgehalten haben?

Vielleicht haben sie es sich aber auch anders überlegt, denn auf dem gegenüberliegenden Hang ziehen sich zwei, vom Meer kommend und langsam ansteigend, zurück ins Landesinnere, als hielten sie es dort draußen am Wasser nicht aus. Weit hinter der Ortschaft erreichen sie den Kamm.

Ich sollte mir das Meer ansehen. Der Blick hinaus, als ich dem Weg hier herauf zu dieser Bank gefolgt bin, war zu kurz. Die Hoffnung trog, dass der Pfad nach einer Biegung weiter hinaus zur Klippe führen würde. Er war anscheinend nur gebaut, um die Menschen hier zu diesem Rastplatz zu schicken; oder zu den Schafen.

Ich sehe mich um. Waren die Schafe über die Mauer gehoben worden? So weit das Auge reicht, entdecke ich keinen Durchgang. Gehören die Schafe zu dem Haus mit dem sich jetzt im Lee des Kamins kräuselnden Rauch, der aber keine Chance gegen den Wind hat. Dort oben entfaltet der jetzt seine Kraft wesentlich stärker, denn er knickt die Fahnen unbarmherzig direkt über die Schornsteinkante und wirft die Fetzen neben das Dach.

Die Schafe kümmern sich nicht darum. Ihr Interesse gilt dem Gras und den herumtollenden Lämmern. Sie interessieren sich sicher auch nicht für den wahrscheinlich imposanten Ausblick auf die See; auf die Gischt, die auf den Wellen tanzt und die Schiffe, die in der Ferne vorbeiziehen. Mich ignorieren sie.

Sie ignorieren mich, wie es die Leute im Dorf getan haben – mit Ausnahme des Kindes. Werden sie es dafür bestraft haben?

Ich glaube nicht, sie haben das Revolutionäre daran nicht einmal bemerkt.

Ich rezitiere Zeilen. Zeilen für den Sonnenuntergang, der sie ignoriert. Wahrscheinlich trägt sie der Wind in eine andere Richtung. Vergönnt er der Sonne die Worte nicht?

Ob es im Dorf eine Schule gibt? Muss man hier, wo die Welt eine eigene ist, etwas lernen, was einen das Leben nicht lehrt?

Braucht man Hefte, um sich Unwesentliches zu notieren; Bücher, um Nicht-Erreichbares zu erfahren?

Wird hier die Welt jenseits der Anhöhen gebraucht? Legen diese nicht ihre Arme schützend über das Tal?

Der Wind treibt die Sonne hinter den landseitigen Horizont. Er beugt sie wie den Rauch am Kamin hinter mir. Gibt es dort auch den Schlitz, in den sie gedrückt wird?

Ein Streifen in orange verabschiedet den Tag. Die Sterne übernehmen das Zepter der Sonne. Sie sind außerhalb der Reichweite des Windes.

Der Wind ist weg. Muss er die Sonne rund um den Globus schieben? Wird er morgen mit ihr wieder kommen?

Die Brandung versucht seine Aufgabe zu übernehmen, eine Geräuschkulisse aufzubauen; mit mäßigem Erfolg. Die Stille gewinnt.

Ich lehne mich zurück und beende die Zählung der Sterne. Was soll ich mit der Summe anfangen? Ich könnte sie nicht einmal jemandem mitteilen. Dem Kind? Dem ist das Ergebnis bekannt. Das Kind braucht mich Fremden nicht! Das Dorf braucht mich nicht. Das Dorf braucht gar nichts.

Ich setze mich auf den Boden neben die Bank, lehne mich an die warmen Steine und überlasse die Welt sich selbst.

Ich werde gehen

Ich habe meine Eindrücke gesammelt. Ich weiß jetzt, wo das Ende der Welt ist; wo die Welt nicht gebraucht wird; wo die Welt in den Horizont übergeht; wo nicht einmal der Tod hinkommt, weil es keinen Friedhof gibt und wo selbst Gott einen Geistlichen für überflüssig hält; dort wo die Zeit keinen Einfluss hat, so sie dort existiert.

Ich werde morgen die Straße zurückgehen und dem Bus auflauern. Ich werde zurückkehren in ein Leben, das ich nicht mehr kennen mag, das mir trotzdem sein Tempo aufdrückt; das mir jeden Morgen aufs Neue ins Gesicht schlägt und höhnisch hinzufügt: „Du hättest nicht zurück müssen. Deine Wohnung wäre reißend weggegangen und auch für deinen Job wüsste ich mehrere Leute.“

Ja, das werde ich tun und mich ewig fragen: Warum?

S

Neunzehntes Jahrhundert. Da passt der Stil. Ellenlange Sätze. Das liest heute keiner mehr. Was gibt er mir als Antwort?

Es liest heute auch keiner mehr Stillleben. Zeitlos in sich versunken. Real Absurdes. Spalten im Geist.

Dahinplätscherndes erfordert Sätze, deren Enden sich im Nirgendwo verlieren.

Pst. Noch was im Vertrauen. Eine Fortsetzung dieser Bilder ist schon weit fortgeschritten. Sagt es nicht zu laut weiter, sonst erfahrt ihr von mir nichts Zukünftiges mehr. Denkt euch jetzt einen Zwinker-Smiley.

S

Die Klamm

Die Sonnenstrahlen sollten Wärme spenden - doch es bleibt kalt, wie es immer war. Ein Geldstück, der Eintrittspreis, schlägt auf das Holz des Tisches. Eine grüne Karte wird herübergeschoben. Du murmelst etwas und gehst weiter. Da streckt sich Dir eine Pranke entgegen. Du schreckst zurück. Es war nur die Hand des Kontrolleurs. Er nimmt die Karte aus Deiner Faust und reißt ein Stück ab. Die Klamm ist vor Dir.

Feuchte Luft schlägt entgegen. Vor Dir tut sich ein Loch im Berg auf, das gerade groß genug ist, Dich hindurchzulassen. Rechts dröhnt der wilde Gebirgsbach. Es ist dunkel in dem Felsengang. Einzelne Tropfen fallen auf Dein Gesicht - auf Dich. Du willst den Schirm aufspannen, doch es ist zu eng hier. Dein Anorak ist schnell durchweicht.

Ein Licht schimmert Dir entgegen. Du trittst hinaus ins Freie. Unendlich hohe Felsen ragen in die Höhe. Der Himmel ist kaum zu erkennen. Hier könntest Du Deinen Schirm aufspannen. Aber das Wasser fällt an der gegenüberliegenden Seite herab - keine vier Meter von Dir entfernt. Aus dem Gang ertönen Schritte. Eine große Standuhr kommt heraus und stolziert an Dir vorbei. Du spuckst in das unter Dir brodelnde Wasser. Die monotonen Schritte der Uhr verhallen.

Du gehst weiter - wieder in ein gähnendes Schwarz. Der Weg ist feucht - spiegelglatt.

Und wieder trittst Du aus der 'Röhre'. Du blickst hinauf, wo ein kleiner Fetzen Blau zu sehen ist. Ein Griff irgendwohin - das Geländer. Beinahe wärst Du in die tosenden Fluten gefallen. Es hätte keine Rettung gegeben. Vielleicht hätte man irgendwann einmal Deinen Körper oder Teile gefunden.

Ein heller Ton klingt hinter Dir. Ein kleiner Diamant läuft vorbei. Du wills dem Kleinod schon nacheilen, da stößt Dich ein atemloser Mann zur Seite. Wieder rettet Dich das Geländer. Du siehst gerade noch, wie die Person keuchend im nächsten Tunneleingang verschwindet.

Ein langgezogener Schrei ertönt, der immer leiser wird. Du eilst in den Berg. Wieder umgibt Dich tiefes Schwarz. Vorsichtig tastest Du Dich am Fels entlang. Da - Dein Fuß ist an etwas gestoßen. Du bückst Dich und zündest Dein Feuerzeug an. Es ist nur ein vorstehender Stein. Geduckt schleichst Du weiter. Wieder stößt Dein Fuß an etwas - gegen etwas Weiches. Du bückst Dich. Klebrig Warmes haftet an Deiner Hand - oder ist es Kaltes? Das Feuerzeug flammt in Deiner Hand auf. Ja, er ist es, der eben an Dir vorbeigehetzt war.

Und wieder eilen Schritte herbei. Unsanft wirst Du beiseitegestoßen. Eine riesige, schwammige Masse drückt sich hinter Dir vorbei durch den engen Gang.

Du stehst auf und gehst ein paar Schritte. Dein Feuerzeug droht auszugehen. Es flackert wie Dein Leben.

Da - wieder ein Schrei - genau an derselben Stelle. Du siehst eben noch, wie ein Mann niedersinkt, dann verlöscht Deine kleine Flamme.

Angeekelt setzt Du Deinen Weg durch die Klamm fort. Es ist ein ebener Weg geworden - betoniert - mit einem Geländer eingefasst.

Vor Dir öffnet sich der Fels und Du trittst aufatmend ins Freie. Du hastest, stolperst, raffst Dich wieder auf und saugst die Freiheit auf.

Wieder streckt sich Dir eine Hand entgegen. Du willst schon dein Billett herauskramen.

„Es ist Zeit!“. Die Uhr verlangt Ihren Tribut.

S

Das war im Juli 1968 und hat sich bis heute nicht geändert.

S

Hinterhof

Die Dämmerung steigt langsam über die öden, antennenverzierten Dächer in den Hinterhof und setzt sich auf den Dreck. Im zweiten Stock stiehlt sich ein grüner Licht-

schein aus einem Fenster und markiert ein leicht verzerrtes, schmutziges Quadrat an die gegenüberliegende Hofmauer.

Der Müll streckt seine Zunge unter den Deckeln der Tonnen hervor. Er weiß, wenn es Tag ist, wird er weggefahren.

Die Sterne werden blasser und blasser. Auch der Mond schließt seine Augen. Ein verstaubter, von Spinnweben überhangener Schaukelstuhl wippt träumend in der Ecke neben einem ratlosen, radlosen Fahrrad. Der Hauskater stolziert majestätisch und grinsend auf der Mauer entlang. Der Arm einer Puppe schleicht träge durch den Staub – der Straße entgegen. Ein zweites Licht geht an.

Auf der Straße fährt der Milchlastwagen vorbei. Der Kater vernimmt deutlich neben dem Scheppern der Kannen das Schwabbeln der Milch. Seine Zunge gleitet durch die Barthaare. Dann gähnt er.

Eine Tür schlägt zu. Die Sterne sind verschwunden – bis zum Abend.

Ja, Massa

Die Lampe über dem Tisch pendelte – seit Theo sich gesetzt hatte. Abwechselnd erhellte sie sein und Josephs Gesicht. Theos war rot, sonnenbrandrot. Josephs war schwarz.

Theos Handrücken strich über seine Stirn, automatisch, als wolle er etwas wegwischen. Eine Reaktion auf die Berührung seines Kopfes mit dem Lampenschirm beim Hinsetzen? Der weiße Strich verblasste während jeder Dunkelperiode, mehr und mehr. Er ging über in das Rot, das noch intensiver zu werden drohte.

Die Finger an Theos rechter Hand beendeten ihr abwechselndes Klopfen auf den Tisch. Der Handballen bewegte sich auf sie zu, bis er sie zu verschlucken schien. Die Kuppen waren in seiner Faust gefangen. Sie gaben sich damit nicht zufrieden und tobten, bis der ganze Arm das Stakkato wieder aufnahm.

Theo schnaufte hörbar.

Joseph fühlte Theos Zorn, war sich aber nicht sicher, ob er weitersprechen sollte. Sein linkes Auge tat höllisch weh und war im Augenblick für Beobachtungen unbrauchbar. Das Lid lag dick, schützend und glühend darüber und pochte wieder. Er griff nach der Tüte mit zerstoßenen Eiswürfeln auf dem Tisch. Für kurze Zeit hatte er sie vom Auge entfernt.

Nur Theos Faust auf der Platte war zu hören; und sein Atem. Joseph existierte akustisch nicht. Was hätte er auch antworten sollen.

Er wusste nicht, was die Situation herbeigeführt hatte. Was hätten sie ihm auch vorwerfen können? Auf Theos Frage gab es keine befriedigende Antwort. Oder?

Dass er nicht auf Schweinebraten stand? Das wussten die nicht.

Dass er seine Hausschuhe nicht vorschriftsmäßig vor seinem Bett abstellte? Gab es dafür in Deutschland etwa auch einen Paragraphen?

Mussten die Absätze wirklich nebeneinanderstehen? War seine Hundertachtzig-Grad-Drehung ein Vergehen? Er stellte die Schuhe doch parallel hin. Gut, die Ferse des linken Schuhs zeigte weg. Der Absatz des rechten zum Bett. Das lag an seiner Art hineinzusteigen. Wenn er davor stand, schlüpfte er aus dem linken Schuh. Dann drehte er sich und setzte sich auf die Bettkante. Dabei zeigten seine Füße automatisch in die andere Richtung. Wenn nun der zweite Schuh den Fuß verließ, musste er logischerweise in diese zeigen. Was war daran verkehrt? Beim Aufstehen ging es eben andersherum.

Diese Gedanken taten Joseph gut; doch sie wussten, dass sie nur der Ablenkung dienten, und machten bereitwillig dem Hauptthema Platz.

Lag es daran, dass er existierte? Das taten seine Peiniger auch. Er war kein Alien. Er war ein Mensch – wie jeder andere. Kann seine bloße Existenz ein Grund sein, zuzuschlagen? Es schien so. Würden sie auch ein lila Gummibärchen zertreten? Nur weil es in der Tüte das Einzige ist? Die schon.

Theo stand auf und umrundete den Tisch. Um Josephs Gedanken in eine andere Richtung zu lenken? Er legte seinen Arm auf Josephs Schulter:

„Warum, sag mir, warum? Geht das jetzt wieder bei uns los?“

Joseph wandte sein Gesicht Theo zu. Ein Auge funkelte. Die Lampe kreiste kaum merklich und hielt beider Gesichter im Schatten. Aus der elliptischen Pendelbewegung war eine fast kreisförmige geworden; als warte das Licht auf einen neuen Anstoß. Um erneut den Beweis in den Vordergrund zu rücken?

Theo erhoffte sich keine Antwort, nicht von Joseph. Er ließ sich auf der Eckbank nieder.

„Willst du ein Bier, einen Wein? Oder hilft ein Schnaps mehr?“ Theo stellte eher sich die Frage. Er wusste, dass Joseph Alkohol nicht anrührte. Er gab sich selbst die Antwort. „Nein. Ich weiß!“

„Ein Glas Wasser tut es besser.“ Joseph hatte nach langer Pause wieder einen Laut von sich gegeben.

Theo überhörte die Antwort. In seinen Gedanken war er schon beim nächsten Schritt.

„Du willst also nach wie vor keine Polizei? Sie müssen dich anhören. Nur so wirst du dem Abschaum Herr.“

„Glaubst du, die Polizei unternimmt etwas? Niemand hat etwas gesehen. Glaubt man einem Bunten oder einem Bleichen?“

„Vor dem Gesetz ...“

Joseph fiel Theo ins Wort: „... sind alle Richter gleich. Der Kläger ist unglücklich über den Bordstein gestürzt, als er auf die Straße trat. Die Jungs haben ihm aufgeholfen. So wird es im Protokoll stehen. Blaue Flecken sind bei einem Schwarzen schwarz. Und warum sollte eine Gruppe nüchterner junger Leute, einen einzelnen Mann überfallen haben?" Das Wort ‚nüchtern' hatte er unüberhörbar betont.

Theo wollte mehr wissen: „Haben sie etwas gesagt, als sie auf dich eingeschlagen haben?"

„Nein, nichts, gar nichts. Aber sie haben vorher gefeixt, als sie mich aus dem Bahnhof kommen sahen. Als ich in Hörweite war, sagte keiner mehr ein Wort. Sie sahen mich nur hasserfüllt an. Ich habe die Straßenseite gewechselt. Vielleicht fühlten sie sich dadurch provoziert. Sie kamen stumm herüber und droschen auf mich ein. Du kannst ihnen keine politische Absicht unterstellen."

„War denn niemand auf der Straße außer dir? Warst du der einzige der ausgestiegen war?"

„Warum willst du das noch einmal hören?" Joseph wollte alles so schnell wie möglich abhaken und vielleicht sogar vergessen. „Morgen ist mein Auge wieder in Ordnung und nichts ist geschehen."

„Nichts ist geschehen?" Theos Stimme schwoll wieder an. „Einen Schwarzen zu verprügeln ist nichts?"

„Was hat das mit ‚schwarz' zu tun? Die gehen auf jeden los, den sie nicht kennen und der nicht zu ihnen gehört."

Joseph legte seine Hand auf Teos Finger, die wieder zu trommeln angefangen hatten. „Beruhige dich!“

Nur ein einziges sarkastisches ‚Ha‘ kam aus Theo. Dann schwieg er. Joseph wartete amüsiert auf den Dampf, der bald aus Theos Kopf pfeifen musste. Das war eine Frage der Zeit.

Nach einer Weile – waren es Sekunden, Minuten, oder länger – beschloss Joseph, dass das Warten auf das Naturschauspiel der Sache nicht gerecht war. Vor allen Dingen Theo gegenüber nicht. Doch was sollte er tun, außer warten, bis der Schmerz weniger werde.

„Ich lege mich jetzt in mein Bett.“ Er wollte aufstehen, doch Theo hielt ihn zurück.

„Das ist noch nicht ausdiskutiert.“

„Vom Diskutieren wird es aber auch nicht besser.“ Joseph versuchte erneut, aufzustehen.

Der feste Griff Theos hielt ihn zurück. „Ich mache dir einen Vorschlag.“

Joseph schwieg. Mit was wollte ihn der weiße Medizinmann kurieren? Joseph zog den Gedanken zurück. Auch wenn sie sonst gerne auf diese Art miteinander redeten, jetzt schien die Lage zu ernst. Er wartete.

Theo stand auf, blickte auf Joseph und verließ überraschend schnell den Raum.

Joseph schrak auf. Die Wohnungstür war ins Schloss geknallt. Jetzt erst realisierte er, dass er Geräusche im

Flur gehört hatte, die nichts mit Wasser zu tun hatten. War Theo gegangen? Hatte er etwas zu ihm gesagt?

„Theo?“ Keine Antwort.

„Theo!“ Das war keine Frage mehr. Das war Entsetzen.

„Spinnst du? Nein, mach das nicht.“ Josephs Befürchtung hatte Gestalt angenommen.

***

Theo knallte die Tür zu. Zwei Stufen auf einmal nehmend hastete er ins Erdgeschoß und klingelte angebracht.

„Bonsai, du musst mitkommen! Zieh Schuhe an!“

Bonsais Kopf war rot, nicht ganz so wie Theos. Er ließ seinen gebeugten Arm mit der Hantel sinken und trat zur Seite.

„Komm rein, wo brennt‘s?“

„Noch brennt’s nicht. Könnte aber bald. Ich sehe, du bist schon ausgerüstet. Komm mit. Ist gleich erledigt.“

Perplex sah Bonsai Theo an. „Warte, ich zieh mir was anderes an.“

Er legte das Sportgerät auf die Kommode.

„Nimm sie mit! Kann nicht schaden. Musst sie ja nicht einsetzen. Dresscode gibt es keinen. Also komm!“

„Dürfte ich erfahren, um was es geht?“

„Darfst du, unterwegs. Komm.“

„Gehen wir zu einem Sportlerball?" Bonsai wusste, dass im Augenblick nirgends einer stattfand. Sommer, laue Nacht und eine Stunde vor Datumswechsel wären sie sowieso zu spät dran. Girls wären schon vergriffen.

Er nahm seine Hantel wieder auf, steckte den Schlüsselbund ein und verließ mit Theo das Haus. Er werde schon erfahren, um was es ginge. Theo tat nichts Unüberlegtes. Wie sollte es heute anders sein. Bonsai vertraute Theo. Es ging sicher um einen Schabernack. Doch irgendwie passte das nicht zu Theos rotem Kopf und dem aufgewühlten Verhalten.

„Bahnhof!" Mehr sagte Theo nicht auf Bonsais fragenden Blick.

Dorthin war es nicht weit. Drei Blocks und dann links durch den kleinen Park.

Für was die Hantel und sein Trainingsanzug gut sein sollten, war dem Hünen nicht klar. Er ließ sich überraschen.

Vor dem zweiten Häuserblock blieb Theo stehen und erklärte ihm, was vorgefallen war. Joseph war vor einer dreiviertel Stunde nach Hause gekommen. Vor dem Bahnhof hatten wieder einmal Glatzen gelungert. Besoffen und auf Randale aus. Da Joseph der Letzte war, der aus dem Bahnhof kam, war er dran. Vielleicht auch wegen seiner Pigmentierung.

Bonsai unterbrach Theo: „Du erwartest jetzt aber nicht, dass ich mit der Hantel auf die Braunen losgehe?"

„Nein, soweit wird es nicht kommen. Ich brauche dich nur im Hintergrund, als Drohkulisse – und als Schutz für den Notfall. Wobei, mit einem Schlag könntest du gleich ein paar von Ihnen ihre Aussageverweigerung erleichtern. Du weißt, es ist nicht das erste Mal, dass Josph vermöbelt worden ist. Wenn auch nicht hier bei uns. Und beide Male war behauptet worden, man habe nicht zugeschlagen. Man sei unbeteiligt dabei gestanden und habe gerade mit seinem Freund geredet. Als man sich umgedreht habe, sei Joseph dagelegen."

Nach ein paar Schritten fügte er hinzu: „Sie haben immer noch keine Video-Überwachung für das Eck installiert. Und Joseph war nicht der erste, den es hier traf."

Bonsai schwieg, als Theo ihm erklärte, wie er sich den Ablauf vorstellte. Er hatte seine eigenen Gedanken.

Wie viele werden es wohl sein, mit denen es sein Vater hier aufnehmen wolle? Wird es bei den Vieren bleiben? Übernimmt er sich da nicht? Was mache ich, wenn ich eingreifen muss?

Theos Ausführungen waren kurz und präzise. „Ich gehe über den Platz direkt auf sie zu. So ist ihnen eine Flucht zu dieser Seite versperrt. Du gehst im Sichtschatten des Vorbaus bis ans Eck von diesem. Du kommst erst, wenn ich dich rufe. Ich hoffe, dass dein Erscheinen genug Eindruck auf sie macht. Und vergiss nicht, ein bisschen mit der Hantel zu spielen."

Bonsai verließ sich darauf, dass sein Vater rational handeln werde. Auch wenn es an der Haustür nicht so ausgesehen hatte. Jetzt empfand er Theo wieder wie immer. Und mit zwei, drei von ihnen konnte er es sicher aufnehmen. Hoffentlich waren keine allzu großen dabei. Sonst könnte es eng werden.

Sie nickten sich kurz zu und trennten sich.

Bonsai hatte den kürzeren Weg. Er lugte um das Eck und zählte fünf – Jugendliche. Sie standen in der rechten Ecke der Bahnhofsfront und langweilten sich.

Da bewegte einer den Kopf nach rechts und deutete so das Ankommen von Theo an. Die anderen nickten nur kurz. Der kleinste von ihnen wollte gerade losgehen, um Bonsais Vater den Weg abzuschneiden.

Der Kleine hatte erst zum zweiten Schritt angesetzt, da änderte Theo seine Richtung und ging direkt auf die Gruppe zu.

Wie versteinert hielt der Kleine inne und trat den getanen Schritt zurück. Sie sahen sich überrascht an.

Bonsai musste grinsen. Der Kleine reichte Theo nicht einmal bis zum Hals. Was wollte der ausrichten. Ein Schlag und er hätte am Boden gelegen.

Bonsai sah gespannt hin. Bis zu ihnen waren es sechzig Meter. Messer oder Schlagring schienen sie nicht zu haben. Noch nicht, hoffentlich gar nicht. Die Hantel in Theos rechter Hand fing an zu kreisen. Auflockerung. Bonsai bemerkte es und unterbrach seine Übung. Nervös geht jetzt gar nicht. Er konzentrierte sich wieder auf die Ecke. Was wollte Theo bei den Kids? Er hatte doch gesagt, dass es vier Glatzen waren, die Joseph fertiggemacht hatten. Kopfhaarlos war keiner in der Gruppe. Es musste weitere geben.

Drei Polierte standen am anderen Ende der Glaswand, etwa fünfzehn Meter von ihm entfernt. Die konnte er rechtzeitig zurücklegen. Aber zu den Kids? Da würde er laufen müssen. Was wollte Theo bei denen?

War der vierte Barhäuptige unterwegs? Bonsai blickte um sich, auch rückwärtig. Niemand. Er achtete auf jedes Geräusch, aber außer weit weg entfernten Autos war nichts zu vernehmen.

Die Kids schlichen betröpfelt davon. Theo sah ihnen nach, grinste und machte auf dem Absatz kehrt. Er ging an der Glasfront entlang auf die drei zu und baute sich vor ihnen auf.

Bonsai schmunzelte. Selbst der Größte reichte Theo nur bis zu den Augen. Und so herausgefressen, wie die waren, sollte selbst ein vierter für sie zwei kein Problem sein. Bonsai ließ die Hantel wieder kreisen.

Die drei verschränkten die Arme auf ihren Bäuchen und sahen ungläubig Theo auf sich zukommen. Sie wussten offensichtlich nicht, wie sie sich verhalten sollten. War ihr Boss weg? Keine Führung?

Da kam Theo an, pflanzte sich sehr nah vor ihnen auf und polterte los:

„Ihr Idioten habt mein Eigentum beschädigt. Was habt ihr dazu zu sagen?“

Verblüfft sahen sie Theo an. Sie waren sichtbar überrumpelt und wussten weder, um was es geht, noch wie sie reagieren sollten.

Auch Bonsai wusste nicht, was das sollte. Es ging doch um Joseph? Oder? Eigentum?

Doch da tobte Theo schon weiter: „Na, ihr Pfeifen? Gebt wohl vor, nicht zu wissen, von was ich rede?“

Der Kleinere der drei zuckte mit den Achseln. „Nein.“

„Ihr habt heute meinen Neger verprügelt. Der gehört mir! Nur ich bestimme, wer ihn zurechtweist. Ist das klar?“

Ungläubiges Kopfnicken war die Folge.

„Und dass auch klar ist. Wenn ich noch einmal erfahre, dass ihr einen verprügelt, der nicht euch gehört! In euerem Interesse, hört auf mich!“

Damit drehte sich Theo um und ging auf Bonsais Eck zu.

Der trat nun hervor. Jetzt waren die drei noch verdutzter. War es, weil Bonsai noch einmal fast zehn Zentimeter größer war als Theo und zwanzig sichtbar durchtrainierte Kilos mehr eins draufsetzten, oder waren sie nur so überrumpelt? Oder Hantel und Bonsai? Jedenfalls folgten sie den beiden nicht.

„Was war das den? Deinen Neger?“

„Überraschungsmoment. Hast du doch gesehen. Sie waren nicht in der Lage zu reagieren. Sie wussten nicht, ob ich ein wichtiger Jemand aus ihrem Umfeld war. Wer würde sonst einen Neger haben? Oder ihn so bezeichnen? Sie haben jetzt genug zum Nachdenken. Falls sie ein Hirn haben.“ Theo grinste.

Bonsai ebenso. „Glaubst du, die fallen auf deinen Bluff rein?“

„Vielleicht ein paar Tage. Vielleicht auch nicht. Ich werde auf alle Fälle wegen der fehlenden Video-Überwachung zur Presse gehen. Frederik schuldet mir was.“

„Und was war das mit den Kids? Was hast du zu denen gesagt? Die wollten doch was von dir?“

„Ja, die lassen sich so schnell nicht wieder blicken.“

„Und?“

„Zu dem in der Mitte habe ich gesagt, dass ich seinen Vater von deinem Kampfsportstudio kenne und er wolle doch sicher nicht, dass der etwas von ihrem Treiben erfahre.“

„War das der Sohn von ...“

„Ja, genau von dem“, unterbrach ihn Theo.

„Woher kennst du den?“

„Längere Geschichte, und das ist es auch.“

„Ich hab dann nur noch nachgeschoben, dass du am Hauseck stehst. Bonsai genügte.“ Theo grinste in sich hinein. Obwohl sein Sohn nie jemandem etwas getan hatte, flößte allein sein Name manchem Ehrfurcht ein.

In Bonsai nagte es. Woher kannte sein Vater den Vater von dem Kid? Wieso hatte er nie etwas davon mitbekommen?

„Woher kennst du den? Und mach deine lange Geschichte kurz. Wir sind gleich zuhause. Der ist doch aus dem Studio geflogen, vor zwei Jahren oder so. Hattest du damals etwas damit zu tun?“

Sollte Theo die Vorzeit aufwärmen? Ja.

„Ich hatte Gustav früher mal den Arm gebrochen. Es ging ganz schnell. Und eigentlich unabsichtlich. Ich hatte ihn beim Klauen in meiner Garage überrascht.“

„Na und?“

„Wir haben uns geeinigt. Wir sahen von gegenseitigen Anzeigen ab.“ Seitdem habe ich ihn nicht mehr gesehen. Das ist mehr als zwanzig Jahre her. Nein einmal habe ich ihn aus dem Studio kommen sehen. Vor zwei, drei Jahren im Sommer.“

„Und woher wusstest du, dass das am Bahnhof sein Sohn war? Der ist doch noch keine sechzehn.“

„Wusste ich nicht, aber er sah ihm so verdammt ähnlich. Einen Versuch war es wert.“

„Hattest einen Duseltreffer.“

„Ja, auch Intuition. Wenn er der Sohn von Gustav war, dann hatte dieser ihm mit Sicherheit von mir erzählt. Und dich musste er aus der Truppe kennen. Nicht umsonst bist du das Aushängeschild.“

„Leider“, seufzte Bonsai. Aber irgendwie verriet sein Gesichtsausdruck Stolz.

„Und wie geht es weiter? Die Braunen werden dich nicht kennen. Sei trotzdem vorsichtig, wenn du alleine unterwegs bist.“

Sie waren zuhause angekommen.

„Danke, dass du mitgekommen bist."

„Wofür? Familie!" Bonsai schloss die Tür auf und nickte seinem Vater nach. Der hatte bereits einen Teil der Stufen zum nächsten Stockwerk hinter sich.

***

Die Tür von Theos Wohnung fiel ins Schloss. „Joseph!"

Er blickte in die Küche. Immer noch saß *sein Neger* am Tisch, die inzwischen fast leere Plastiktüte mit den Eiswürfelresten am Auge. Auf dem Tisch war eine Pfütze.

„Hast du geweint?"

„Wieso hätte ich sollen? Aus Angst um dich?"

„Wieso um mich? Ich war nur kurz draußen." Theo blickte zur Uhr. „Eine halbe Stunde."

„Es waren siebenunddreißig Minuten."

„Du nimmst es aber genau."

„Was hast du gemacht? Ich weiß nicht, ob es klug war, an den Bahnhof zu gehen. Oder, warst du doch?"

„Mach dir vorerst keine Sorgen. Die haben etwas zum Nachdenken." Dann erzählte Theo, wie sein Unterfangen abgelaufen war.

„Es tut mir leid, dass ich dich als meinen Neger ausgegeben habe. Aber es kam mir einfach so in den Sinn, dass ich die Kerle auf diese Art am meisten überraschen konnte. Ging ja auch auf. Ich möchte nicht wissen, was geschehen wäre, wenn Bonsai mit seiner Hantel wirklich zugeschlagen hätte.“

Joseph starrte Theo an. „Ich auch nicht.“

Eine sehr lange Weile schwiegen beide, dann begann Theo: „Ich werde mit dir nach Afrika fahren. In deine Heimat.“ Dabei sah er Joseph direkt in das nicht lädierte Auge.

Was soll ich dort? Bis wir unten sind, ist alles verheilt. Die lachen mich aus, wenn ich wegen so einer Lappalie den weiten Weg mache. Für verrückt würden sie mich erklären und dortbehalten.

Theo unterbrach ihn in seinen Gedanken. „Ich werde mit dir in deine Heimat fahren. Ich werde drei Schritte versetzt hinter dir gehen. Du kannst mich als deinen Neger vorstellen. Von mir auch als deinen Weißen. Als deinen Haussklaven.“

Joseph starrte Theo an. Wer hatte die Schläge auf den Kopf bekommen? Sicherheitshalber befühlte er seinen eigenen. Langsam krochen normale Gedanken zurück.

„Habe ich dich richtig vernommen? Verstanden sicher nicht. Was um deines Gottes Willen soll ich dort? Wieso soll ich dich als mein Personal ausgeben? So etwas gibt es in meiner Heimat nicht. Das ist Kolonialdenken. Sind meine Blessuren ansteckend? Wobei, mein Gehirn haben sie nicht angegriffen. Bei mir entdecke ich keine inneren Schäden.“

Theo zuckte mit den Schultern. Was sollte er antworten? Er hatte seinen Vorschlag als Buße angesehen.

„Es ist doch gerecht, wenn deine Leute sehen, dass nicht alle hier schlecht sind. Dass man es auch als Afrikaner in Europa zu etwas bringen kann. Dein Selbstwertgefühl wäre aufpoliert. Mann, du hast studiert."

Joseph schüttelte den Kopf. „Glaubst du, dass uns auch nur einer abnehmen würde, dass ich dein Herr bin? Hältst du uns für so dumm? Zu welchem Zweck sollte ich dich mitnehmen, wenn du mein Sklave wärst? Übrigens ist auch bei uns die Sklaverei abgeschafft. Meinst du, diese Dumpfbacken hätten mein Selbstwertgefühl beschädigen können? Es wäre beschädigt, wenn ich deinen Vorschlag annehmen würde."

Joseph nahm den jämmerlichen Rest der Kühlung von seinem Auge und nickte gönnerisch Theo zu:

„Du kannst jetzt gehen, Sklave, und mir das vor langer Zeit versprochene Wasser holen."

„Ja, Massa."

Mein Manuskript

Es ist geschafft. Mein Text ist abgelehnt worden. Der erste Schritt ist getan.

S

Ich glaube, der Fall mit der Birne ist eingetreten. Er hat was dran.

S

Gestern habe ich mein Manuskript an einen Verlag geschickt. Gestern, Freitag, den dreizehnten. Das Datum habe ich erst realisiert, als der Versand nicht mehr rückgängig gemacht werden konnte.

Nun heißt es warten. In der Zwischenzeit könnte ich Weiteres schreiben - oder mir überlegen, ob ich abergläubisch sein sollte.

Ich muss gestehen, abgelehnt ist mein Werk noch gar nicht. Kann es auch nicht, denn es war bereits Feierabend, als ich es absandte. Folglich konnte es niemand vom Verlag gelesen haben. Das erhöht widerum das Risiko einer Nicht-Ablehnung. Sollte ich mich zu früh gefreut haben?

Im Zusammenhang mit widerum/wiederum greife ich mir wieder an (ersatzweise: wider) mein Haupt. Oder sollte ich an das derer von der Rechtschreib-Reform-Kommission deuten.

Als ich ein kleiner Bub war, lang ist es her und ich war einer, erzählte mir ein Lehrer, dass widerum von ‚andererseits‘ oder 'im Gegenzug' abgeleitet sei und darum mit ohne 'e' geschrieben werden müsste. Tat es aber nicht. Übrigens hat Gegenzug in diesem Fall nichts mit der Eisenbahn zu tun.

Der Widersinn, oder heißt es nun auch Wiedersinn, der Schreibweise entzieht sich meiner Kenntnis und wird wahrscheinlich ein Geheimnis bleiben, das von mir nicht gelüftet werden wird. Ich verharre bei der sinnvollen Schreibweise. Ich kann die nächste Rächtschraib-Rävorm abwarten. Mir tun nur die Leid, die sich an die Regeln halten müssen. Wenn ich mich so umblicke, anscheinend niemand, was mein Mitleid auf ein erträgliches Maß reduziert.

Doch zurück zu meinem Buch. Sollte sich der Verlag entscheiden, mein Buch zu verlegen - ich meine dies im Sinne von veröffentlichen - würde dies meine Chancen erheblich schmälern. Sollte er es dennoch - Sie sehen, ich vermeide nun das Wort 'widerum', Sie widerum vermeiden bitte weitere Diskussionen darüber. Nachdem jetzt einseitig ein Konsens hergestellt worden ist, fahre ich in meinem Satz fort. Er begann mit 'Sollte er es dennoch' – und geht weiter mit: im Sinne von nicht 'zur Seite legen und ignorieren' – verlegen, wäre ich meinem Ziel einen großen Schritt näher.

S

Er hat wirklich etwas an oben erwähnter Frucht.

S

Kann es sein, dass sich mein Stift in meine Gedanken einmischt? Hat er womöglich rächt/recht? Ich werde nun im Hinblick auf die nächste Rechtschreibreform/Rächtschreibräform diesen Absatz in beiden Schreibwaisen/Schreibweisen fortführen.

Warum sollte man Rächtschreib-Reform in Zukunft nicht mit 'ä' schreiben. Man könnte es ja von 'rächen' ableiten, denn etwas anderes hat die Kommission nicht getan. Sie hat sich für die Aufgabe gerächt.

Ich hätte einen weiteren Vorschlag. Substantive werden bis zur Vollendung des 14. Lebensjahres des Schreibenden kleingeschrieben. Danach ist eine Großschreibung zwingend.

Die Begründung dafür lautet: Kinder schreiben klein, weil sie klein sind. Erwachsene schreiben groß, weil sie groß sind. Oder sollte man es an der Körpergröße des Schreibenden festmachen? Sagen wir, bis einen Meter fünfzig kleinschreibung, darüber Großschreibung. Im Computer müsste im Header dann nur die Körpergröße als Meta oder Tag angegeben werden.

Bei Druckwerken könnte nach der Überschrift in Klammern die Körperlänge mit einer Zahl angegeben werden. Halt, vor der Überschrift, denn sonst müsste diese in beiden Schreibweisen angegeben werden, da der Leser ja erst nach dem Lesen dieser weiß, wie alt der Schreiber ist.

Um einen gewissen Datenschutz zu gewährleisten, könnte man auch mit Kleiner/Ist-gleich und Größer arbeiten.

Eine weitere Frage wirft sich in diesem Zusammenhang auf. Wie kann verhindert werden, dass bei der Altersangabe oder Personengröße gemogelt wird?

Die Lösung, eine internationale Datenbank mit den Namen aller zum Schreiben Berechtigten mit öffentlich einsehbaren Daten wie Körpergröße, Geburtsdatum (mit Alter in Klammern für die mathematisch nicht ganz so Begabten), Fingerabdruck und Iris-Speicherung. Alles zu Veröffentlichende müsste über diese Datenbank vorher gecheckt und freigegeben werden.

Man könnte auch gleich alle Menschen darin speichern, so hätte jeder von Geburt an die Berechtigung etwas zu sagen (schreiben).

Was passiert, wenn es jemand gelingt, dieses System zu umgehen oder zu knacken? Es entstünde eine Untergrundliteratur. Das (ich traue es mich gar nicht zu schreiben) widerum würde Geschriebenes für viele, die jetzt nicht lesen, ungemein attraktiv machen.

Und noch eine Frage: Könnte man die Rechtschreibung nicht an der Zielgruppe festmachen, also nicht am Schreibenden? Die Kriterien könnten von oben übernommen werden. Dies könnte den Umsatz in die Höhe treiben, da zwei Versionen in einem Haushalt mit Kinder existieren müssten. In der Schule müsste jeden Tag vor dem Unterricht die Körpergröße der Schüler gemessen werden, bevor passende Bücher benützt werden dürfen.

In Grenzfällen wird es problematisch. Bekanntlich ist der Mensch am Morgen am größten, denn er geschlafen hat. Im Laufe des Tages schrumpft er etwas. Größen-

Grenzgänger müssten mehrmals am Tag gemessen werden.

S

Jetzt dreht er durch.

S

Aber ich glaube, dies ist dann die Reform nach der nächsten Reform. Ich sehe, die Reformer werden große Probleme haben, einen praktikablen Konsens zu finden.

Wie Sie sicher an meiner Rechtschreibung bemerkt haben, erfülle ich beide hypothetischen Kriterien. Ich bin über eins fünfzig und über vierzehn.

Wenn ich mich recht entsinne, wollte ich Ihnen ursprünglich erklären, warum es gut ist, wenn der Verlag mein Buch ablehnt. Es geht um das Erhöhen der Chancen, zur Unsterblichkeit zu gelangen. Unsterblichkeit des Geistes. Wen man im Nachhinein als gute Schriftsteller und Dichter bezeichnete, sie alle hatten es schwer im Leben, zumindest am Anfang. Nachdem ich mich nicht unbedingt zu der Rubrik der Es-schwer-Habenden zählen kann, muss ich das Hintertürchen durch eine Ablehnung meines Werkes nehmen. Sozusagen als Plus in meiner Vita.

Nicht auszudenken, wenn eine Zusage käme. Den Ruf eines Leidenden könnte ich vergessen. Die Unsterblichkeit wäre dem Erfolg geopfert.

Sollte ich mein Angebot an den Verlag, mein Buch zu veröffentlichen nicht umgehend widerrufen. Schon wieder dieses Wider.

Ich gehe jetzt zum Rasenmähen, bevor es rasendmähen heißt. Schließlich handelt es sich um kleines Gras und überhasten will ich auch nichts. Ich kann mir dabei überlegen, ob ein Manuskript heute noch ein Manuskript[1] ist, denn es wird in den seltensten Fällen noch mit der Hand geschrieben.

Stift, sei still! Mit dir ist es eine Ausnahme.

S

Als hätte ich was gesagt.

S

---

[1] Manus (lat.) Hand und scribere (lat.) schreiben

Der ausgefallene Krieg

Ich war also ausgeschlossen. Mir nichts, dir nichts. Und nur weil ich nicht hören wollte. Dabei fing alles normal an. Das Vaterland sagte: "Du bist der Killertyp. Dich brauchen wir." Ich kann mich nicht mehr erinnern, ob es zusätzlich mit dem Finger auf mich gezeigt hatte, aber ich gehörte plötzlich zu den Auserwählten, der Elitetruppe. Einerseits konnte man es als Ehre auffassen, zu den dreißig Prozent zu gehören, die jedes Jahr für gut befunden wurden, das Vaterland zu verteidigen. Andererseits, war ich wirklich der gesuchte Killertyp?

Wobei ich zugeben muss, dass mir die Ehre nicht so erstrebenswert erschien, im Blickwinkel die Erzählungen der Generation vor mir.

Andererseits, war eine Entlassung aus den Reihen der Vaterlandsverteidiger nicht schmählich? Glücklicherweise fand meine Generation dies nicht, und die Meinung der davor war mir egal. Deren wiederum hatte eigenartigerweise zu dem Thema meist die gleiche Meinung wie wir. Ansichten überspringen anscheinend jeweils die nächste Generation.

Es geht hier aber nicht um die Meinung verschiedener Generationen, sondern um meinen Einsatz. Der Krieg war lang vorbei, vorbei schon vor meiner Geburt. Rundfunk, Fernsehen und die Presse machten aber jedem klar, dass noch nicht alles vorbei sei. Morgen könnte ... Ja, man glaubte, er könnte, tat er aber nicht, der Russe. Und wenn doch, dann hätte unsere Pappnasentruppe nicht einmal Zeit gehabt, die Ortsschilder zu verstecken.

Zudem hätte der Russe am Abend an der französischen Grenze verdutzt festgestellt 'Was, ich bin schon durch. Ich habe keinen gesehen' und wäre beleidigt wieder nach Hause gefahren.

Das war die Situation, als ich die freundliche Einladung erhielt, mich doch der Kampftruppe anzuschließen und ein bisschen für den Ernstfall zu trainieren. Wer war Ernst und warum wurde ein Fall nach ihm benannt? Spaß beiseite. Die riefen und ich kam.

Mein Käfer - das war einmal ein Auto, und nicht nur ich nannte ihn so - brachte mich nach Mengen. Am Tor stand eine Uniform und deutete schon von weitem nach rechts - auf den Parkplatz. Mein Herbie, fast alle nannten ihre Käfer so, durfte also nicht mit rein.

Die hatten tatsächlich einen Pappkameraden hingestellt, statt mich persönlich und mit Handschlag zu begrüßen. Ich hatte mir den Empfang anders vorgestellt, Häppchen und ein Glas Sekt, zwangloses Geplauder mit der Führung und Kofferservice aufs Zimmer.

Es kam anders. Freundlich, aber bestimmt kamen die Anweisungen des vor der Schranke Stehenden. Da hinein, dann links. Er deutete auch noch in die Richtung, die er meinte. Selbst ein der Sprache Nichtmächtiger hätte so hingefunden.

"Das nenne ich präzise Angaben. Die wissen, wovon sie reden."

Tja, was soll ich sagen. Eins, zwei, drei war ich bei fünf anderen auf der Stube. War's vier Uhr? Stuben stellen wir Bayern uns etwas gemütlicher vor. Vielleicht war dies im Allgäu bei den Schwaben wieder anders. Wobei deren Stuben unseren oberbayerischen in nichts nachstanden.

Im Raum waren drei Stockbetten und eine Reihe mit sechs Spinden, klein und zierlich, ein Waschbecken mit Spiegel darüber und eine Ablage für die Zahnbürsten. Die Fenster gingen über die ganze Raumbreite und bis knapp unter die Zimmerdecke. Mittig davor stand ein Tisch mit vier Stühlen. Auf den ersten Blick sah es aus, wie eine Abart von "Reise nach Jerusalem". Scheinbar werden hier immer zwei Stühle weggenommen.

Als ich in der Stube war, entdeckte ich die beiden fehlenden. Sie standen zwischen Spindreihe und Bett und waren durch eine geöffnete Blechtüre verdeckt gewesen. Also war das mit der Reise doch nicht anders. Kurz gesagt, das Zimmer, Verzeihung, die Stube, war geräumig, lichtdurchflutet, einfach und geschmacklos.

Dann kam einer herein, ein kurzer aber wohlgenährter Uniformträger. Bei seinem Anblick konnte man auf eine gute Verpflegung schließen. Frage eins war somit, ohne in den Raum geworfen zu werden, erledigt. Er erklärte uns mit drei Sätzen, wo und wie unsere Sachen im jeweiligen Spind untergebracht zu sein haben, und das dies die ganze Zeit so zu sein habe. Er sprach von keinem Muss, aber die Konsequenzen spitzten durch seinen Unterton. Damit sei der Tag beendet. Wir könnten uns auf dem Gelände umsehen oder sonst was machen. Hier sprach der Vater aus ihm. Um 18:00 Uhr, wenn die Pfeife ertöne, gebe es Abendessen, dort drüben. Seine Hand wies durch das Fenster auf einen breiten Eingang in einem Flachbau, ein eindüsiges Flugzeug davor. Und schon etwas vorher da sein. Kein Tischzwang und anständiges Benehmen. Ich war angekommen.

Am Abend wurden wir nach dem Essen über die wichtigsten Regeln aufgeklärt und durften uns wieder uns selbst widmen. Soweit noch nicht geschehen, stellte man sich vor, zumindest denen, die man für sympathisch und/ oder eventuell nützlich einschätzte.

Am Abend im Bett, ich schlief erfreulicherweise oben, kamen Gedanken. Hier spielte es keine Rolle, dass man Brillenträger war. Hier war Blindflug scheinbar normal. Von Flug konnte man sehr wohl sprechen, da Mengen für die Grundausbildung der Gattung Luftwaffe zuständig war. Bei der Handelsmarine war mir sechs Jahre zuvor erklärt worden, mit Brille kannst du nicht in die gehobene Deckslaufbahn. Die Welt war ungerecht. Was man will, darf man nicht, was man nicht will, muss man.

Der erste Ganztag verging, der zweite auch. Am dritten bekamen wir endlich unsere Uniformen und das Zubehör. Die Verteilung erfolgte alphabetisch. Mit dem Anfangsbuchstaben des Familiennamens war ich gebührend weit hinten. Ich weiß noch, dass manche schon am ersten Tag in Uniform herumliefen. Das mit der Waffe klappte auch nicht bis zum Wochenende. So war unser Zug, außer mit gelegentlich legerem Antreten und ein paar Grundeinweisungen in der ersten Woche, mit nichts beschäftigt. Die Killerinstinkte mussten vorerst im Zaum gehalten werden. Wir hatten Glück, dass der Feind nicht in dieser Woche auf den Gedanken kam, uns zu überfallen. Er hätte uns nicht erkannt.

Am Montag gab es dann endlich die Waffe. Dem Morden stand nichts mehr im Weg. Doch weit gefehlt. Ohne Munition ging nichts. Und Munition gab es erst, wenn man sein Gewehr zerlegen und anschließend auch wieder zusammen bauen konnte. Dies wurde zweimal geübt. Die anderen waren schon das erste Mal beim Schießen, da feierte ich meine G3-Primärzerlegung. Und wider Erwarten bekam ich es irgendwann wieder zusammen. Vielleicht hätte es sogar funktioniert. Der Feind konnte kommen. Wenn er sich Zeit ließ. Weitere mechanische Versuche wurden verschoben, da wir erst zur Nachmusterung mussten, und zwar jeder.

Ich sollte erwähnen, dass ich gewisse Schwierigkeiten mit dem Hören hatte. Ob dies von Led Zeppelin oder Deep Purple in der Disco war, spielt dabei keine Rolle. Jedenfalls verstand ich nichts, aber auch wirklich nichts von dem, was aus dem Lautsprecher im Flur vor unserer Stube krächzte. Mein Trost war, dass es den meisten anderen genauso erging.

Eins stand fest. Ein Krieg war nicht zu gewinnen, wenn man sich immer erst durchfragen musste, wie der Befehl lautete. Die Fehlerquellen bei der Nachrichtenweitergabe konnten zu viele sein. Griff man an, weil man das ‚Nicht' nicht gehört hatte, konnte das entscheidend für den Krieg oder zumindest das Gefecht sein. Held oder Schuld am Untergang der Nation. Zudem war die anfängliche Euphorie einer sich steigernden Langeweile und der immer öfter gestellten Frage 'Was soll das ganze Geblödel?' gewichen.

Ich beschloss zu handeln. Wie, wusste ich noch nicht, aber die Aussicht drei Monate stumpfsinnig dahin vegetieren zu müssen, ließ meinen Denkapparat in Gang kommen. Das Profil der Stelle entsprach einfach nicht meinen Vorstellungen.

Die Nachmusterung bot sich als Lichtblick an. Ausziehen bis auf die Unterhose, zehn Kniebeugen, abgehört werden und ähnliche Späße ließen die Hoffnung auf eine baldige Entlassung wieder schrumpfen. Wie sollte man hier entkommen. Kränklich sah ich nicht aus.

Es kam der letzte Test. Der Arzt fragte, ob ich Hörbeschwerden habe. Ich erzählte ihm, dass ich nichts verstehe, was durch den Lautsprecher komme. Das wäre mein einziges Problem.

Wie jeder andere vor und nach mir musste ich auf einem Stuhl Platz nehmen. Mir wurde ein Kopfhörer aufgesetzt. Jedes Mal, wenn ich einen Ton höre, solle ich sagen 'jetzt'. Mir wurde der erste Ton vorgespielt. Da schoss es mir durch den Kopf. Wenn es egal ist, ob ich etwas verstehe oder nicht, vielleicht ist es nicht egal, wenn ich gar nichts höre. Einen Versuch wäre es wert. Erschießen gab es in der Bundesrepublik nicht mehr; eingesperrt sein ist sicher auch nicht schlimmer, als den Zirkus mitmachen. So startete mein Gegenversuch.

Der Ton war auf dem Kopfhörer. Als er mir laut genug erschien, sagte ich "jetzt". Ohne sonstige Reaktionen wurde ein Punkt auf das Diagrammblatt gemacht. Die nächst höhere Stufe wurde übertragen. Wieder trieb ich dasselbe Spiel. Als der Ton so laut war, dass ich nicht mehr verstehen konnte, was neben mir gemurmelt wurde, sagte ich "jetzt". Wieder ein Punkt für das Diagramm. Dies wurde bis zum höchsten Ton fortgesetzt.

Zwischendurch hörte ich die etwa drei Meter entfernt sitzende Frau sagen: „Das höre ich laut und deutlich bis hier her.“ Ich ließ mich nicht beirren. Nachdem der Arzt mir den Kopfhörer abgenommen hatte, meinte er: „Sie hören aber sehr schlecht. Wir werden es noch einmal versuchen.“ Nun hat er mich, dachte ich. Ich malte mir schon den Bau aus.

Kopfhörer auf und anstatt das Ganze zu erschweren und die Tonhöhen durcheinander zu verabreichen und in zeitlich unterschiedlichen Erhöhungen der Lautstärke, wurden sie wieder in der gleichen Reihenfolge und dem gleichen Zeitabstand abgespielt. Es leben die Vorschriften und der blinde Gehorsam. Ich wiederholte mein Spiel.

Der Erfolg war, dass ich zwei fast parallele und eng beieinanderliegende Kurven produziert hatte.

Der Arzt schüttelte den Kopf. „Das ist unwahrscheinlich. Das soll sich Kempten ansehen. Sie sind bis auf weiteres vom Dienst befreit.“

Am Freitag sollte es nach Kempten gehen. Was konnte ich als Ausgeschlossener drei Tage lang tun? Ich hatte nur zwei Bücher dabei.

Nachdem diese gelesen waren, inspizierte ich die Truppe. Das heißt, ich hielt mich in gebührendem Abstand von zehn Metern auf und schaute zu, wie die anderen bespasst wurden, Waffe zerlegen, Marschieren,

Turnübungen. Nicht einmal bei den sportlichen Betätigungen durfte ich mitmachen.

Drei Tage können ganz schön lang sein, wenn man niemanden zum Spielen hat. Doch sie vergingen. Am Freitag in der Frühe kletterten ungefähr zehn Mann auf die Ladefläche des Lastwagens. Wir fuhren ins Bundeswehrlazarett, oder was immer es war, nach Kempten.

Dort wurde ich in einen schummrigen Raum gebracht, dessen Wände und Decke komplett mit Eierkartons ausgekleidet war. Niedlich. Endlich war das Personal so, wie man es sich außerhalb vorstellt, mürrisch, von oben herablassend und unfreundlich. Es hätte nur noch gefehlt, dass ich auf dem Stuhl festgeschnallt worden wäre.

Das Prozedere von Mengen wiederholte sich, jedoch auf einer wesentlich neueren Maschine und sie stand weiter entfernt. Ich konnte nicht mehr auf die Hände sehen, die die Tonhöhe verstellten.

Ein neues Spiel begann. Let's go. Geschäftig versuchten vier Personen mich um meine Konzentration zu bringen. Ob mit Absicht, oder um die Bundeswehr am Laufen zu halten, wurde mir nicht klar. Zweimal die Prozedur. Hier waren sie aber schon pfiffiger. Die Tonhöhe wurde nicht linear verändert, sondern durcheinander. Sie wollten den totalen Krieg.

Nachdem die beiden, oder waren es drei Kurven, zu Papier gebracht waren, meinte der unfreundliche Herr, sich bedrohlich zu mir herabbückend: „So schlecht können sie nicht hören. Sie markieren!“ Sein Ton gefiel mir nicht.

'Du nicht und so nicht', waren meine Gedanken.

„Wie bitte, ich höre doch gut. Was soll die Bedrohung?“

Etwas verdutzt zog er seinen Kopf ein wenig zurück, um ihn noch einmal, einer Schlange gleich, bis kurz vor mein Gesicht zu katapultieren. Er war einwandfrei 'not amused'. Vielleicht, weil zu viele Personen im Raum waren, vielleicht wegen irgendwelcher Vorschriften, jedenfalls drehte er sich um und wollte schon fast aufgeben. Doch vor so einem Rotzlöffel konnte er nicht klein beigeben.

Er kam wieder auf mich zu. Wenn ich nicht zugebe, dass ich hier betrügen will, werde ich nach Tübingen in die Universitätsklinik gebracht. Die könnten genau feststellen, ob ich höre oder nicht. „Und, die Kosten dafür müssen Sie bezahlen!“ Er hatte seinen größten Trumpf aus dem Ärmel gezogen und auf den Tisch geknallt.

Für mich gab es keine Überlegung. Was hätte mir passieren können, wenn sie drauf gekommen wären, dass ich die Töne doch wahrnehme? Bau (Gefängnis)? Zahlen, ha, dass ich nicht lache. Von meinem eminenten Wehrsold als W18? Gerade der Schule entfleucht.

Flucht und Angriff, das war die beste Strategie. Seine Drohung ließ mich kalt. Irgendwie habe ich etwas von "ok" oder Ähnliches gesagt. Mir waren in diesem Augenblick die Konsequenzen egal. Sieg oder Untergang.

Er gab mir das Blatt mit den Diagrammen und schickte mich damit ein paar Zimmer weiter: „Dort abgeben."

Ein letzter Funke von Kampfeswillen flackerte in ihm auf.

Das Blatt Papier war unverpackt, in keinem Umschlag, nichts, einfach so. Auf dem Gang warf ich einen Blick darauf. Damit hatte er scheinbar gerechnet. Mit dicker roter Schrift stand diagonal über die Kurven gemalt "Simulant". Innerlich grinste ich, da bin ich mir heute noch sicher. Und sie hatten wieder Pech. Die Kurven waren beinahe parallel, sehr eng beisammen und auf den ersten Blick zeigten sie die gleichen oder sehr ähnlichen Lautstärken wie in Mengen.

Kalt wie Alain Delon gab ich mein Blatt ab, ging und wartete auf die Heimfahrt nach Mengen. Ich hatte Glück. Zum Mittagessen waren wir wieder zurück. Wenigstens den Hungertod ersparten sie mir. Aus Rücksicht auf die anderen? Sie waren offensichtlich keine Simulanten. Oder? Ich war nicht als Detektiv angestellt, also startete ich keine Nachforschungen.

Nach einer Stärkung ging ich zum Angriff über. Falls Tübingen tatsächlich zum Tragen gekommen wäre, hätte es zwei Möglichkeiten gegeben. Sie kommen drauf oder nicht. Sie kommen drauf, hätte für mich eine ungewisse Zukunft bedeuten können. Sie kommen nicht drauf, hätte ein gemütliches Rententeil bei der Bundeswehr bedeutet, untauglich für alles mögliche, wie die vorausgegangen Tage oder Ähnliches. Ich malte mir das Ganze schon bildhaft aus.

Da der Nachmittag zur freien Verfügung stand, damals war Freitag nachmittags Ende der Landesverteidigung, ging ich noch schnell ins Rekrutenbüro und holte mir einen Antrag mit den Erklärungen und setzte mich in die Sonne.

Datenschutz war damals ein absolutes Fremdwort. Vertraulich wurde nur behandelt, wo dick 'VERTRAULICH' draufstand. Denn es war ein Blatt dabei, auf dem mir der freundliche Herr notiert hatte, was ich zusätzlich abgeben müsse: 2 Geburtsurkunden, 2 Passbilder (damals noch mit 'ß') und 2 Mal Lebenslauf. Auf der 'Rückseite' war ein unterschriebener Personalbogen mit den handgeschriebenen Daten eines gewissen Herrn … Vielleicht hatte sich der Betreffende anders entschieden, jedenfalls wurden seine Daten scheinbar nicht mehr gebraucht. Beim Beschreiben von Altpapier konnte man eine Menge Geld einsparen.

Da waren Fragen/Antworten dabei, wie: Seit wann in der BRD – seit Geburt; Verwandte im Ostblock: nein, usw. Damit wollten sie wahrscheinlich verhindern, dass sich Spione einschleichen.

Jedoch zurück zum Leben. Das Ausfüllen dauerte nicht lange, vielleicht eine Stunde, da ich das Ganze schon vor meiner Einberufung gelesen und durchüberlegt hatte. Jedenfalls war, noch bevor das Büro für das Wochenende verwaist war, der Eingangsstempel auf meinen Z2-Antrag.

Nun saß Deutschland in der Falle. Antrag eines an zwei Orten nachgewiesenen Tauben für eine Übernahme in den zweijährigen Dienst als Zeitsoldat bei der Bundeswehr. Das sollte sitzen.

Am Montag durfte ich endlich wieder einer geregelten Arbeitszeit nachgehen. Das heißt, wegen meines Wissensrückstands kümmerte sich ein freundlicher Herr um die Beseitigung des Mangels. Dieser Herr war anscheinend der Ansicht, dass Eile hier fehl am Platze sei und Privatunterricht geben besser sei, als im Felde zu fallen, denn wir rissen uns kein Bein aus.

Leider wurde ich am späten Dienstagnachmittag, also bereits am zweiten Tag meiner Intensiv-Schulung, ins Büro des Kasernen-Kommandanten zitiert. Nun hieß es Ruhe bewahren.

Anstatt eines ruppigen Tones wurde ich freundlich empfangen – die Häppchen fehlten. In kurzen Worten wurde mir mitgeteilt, dass ich leider nicht als Z2 angenommen werde. Ich machte ein betroffenes Gesicht. Ich wusste, dass nicht jeder angenommen wurde. Es gab mehr Bewerber als freie Stellen.

Außerdem werde ich aus gesundheitlichen Gründen entlassen. Übermorgen seien meine Papiere fertig. Ich brauche keinen Dienst mehr schieben. Morgen solle ich meine Sachen abgeben und habe dann frei. Zerknirscht dreinschauend, um ja nichts mehr zu gefährden, vielleicht war dies ihr aller-allerletzten Trumpf, verließ ich das Büro. Auch über den Kasernenhof spielte ich meine Rolle überzeugend.

Inzwischen waren die Stubenkameraden von ihrem Gemetzel am Schießstand zurück. Ich teilte ihnen mit, dass sie ab sofort eine wichtige Stütze weniger haben werden. Sie werden das schon rocken. Details gab ich nicht preis, der Geheimdienst lauert überall.

Ja, was soll ich sagen. Die Post – sie war damals fürs Telefonieren zuständig – machte mir einen Strich durch die Rechnung. Handy war damals ein 'Was-ist-das?' und bestenfalls im Raumschiff Orion ein Begriff, aber unter anderem Namen. Auf dem Kasernengelände gab es nur Dienstapparate, also musste ich hinaus vor die Schranke.

Dort stand ein Münzfernsprecher. Der streikte an diesem Abend. Wahrscheinlich war er heiß gelaufen wegen der vielen Gespräche.

Am nächsten Tag gab ich mein G3 und meine Kleidung ab. Damit kann man einen ganzen Vormittag verjuxen. Anschließend schlug ich den Nachmittag tot, was nicht geahndet wurde. Die waren froh, mich loszubekommen.

In der Nähe der Truppe wurde ich nicht mehr geduldet. Vielleicht fürchtete man eine Anstachelung zur Revolution meinerseits oder Nachahmer, vielleicht war aber eine Jeans nicht das passende Outfit, oder Beobachter waren generell verboten, was weiß ich.

Am Abend versuchte ich mein Glück mit dem Telefonieren noch einmal. Und ich hatte Glück. Meine Freundin hatte ab Freitag Urlaub. Zu ihr sagte ich kurz, sie solle die Koffer packen, am Samstag gehe es in die Türkei. Zuerst glaubte sie mir nicht. Ich sei ab morgen wieder zu Hause, überzeugte sie.

Telefonieren war damals teuer, außerdem musste man ständig Zehn-Pfennig-Stücke nachwerfen, es war ein alter Fernsprecher. Vielleicht gab es die Münzsprecher, die 50-Pfennig- und Mark-Stücke annahmen auch noch nicht. Jedenfalls warf ich mehrere Geldstücke ein, bis der Schlund voll war. Ich sprach, hielt mich, wie beworben kurz, und hängte wieder ein. Da fielen alle von mir eingeworfenen Münzen in den Wechselgeldschacht. Ich hatte sie wieder und zudem gratis telefoniert. Die Post hatte ihre Blockade von gestern bereut und mich für die Unannehmlichkeit entschädigt. Entschuldigung angenommen.

S

Nachdem die Wehrpflicht aufge(sc)hoben worden und die Gefahr des Nachdienens heute gering ist, ist er einverstanden, dass diese Beichte veröffentlicht wird. Die Begebenheit ist schon vierzig Jahre her. Er geht zudem von Verjährung aus.

S

Noël

S

Aus der Wirtschaftswunderzeit. Ich erinnere mich gut an das satte Gelabere 1968.

S

Ob wahr oder nicht, es wird gefeiert. Es ist halb sieben. Die Kirchturmuhr hat es geschlagen. Schnee treibt in dichten Flocken durch die Straßen. Dicker Schnee, der alles sanft zudeckt, wie eine liebende Mutter am Abend ihre Kinder. Vielleicht sind wir Kinder des Schnees.

Dicht vermummt huschen - ach welch Ausdruck - schleichen ein paar Menschen nach Hause. Doch sie haben kein Zuhause. Sie werden in einer Baracke das heilige Fest feiern.

Die Fenster sprühen Funken. Unruhige Schatten tanzen auf den Eisblumen. Auf der Straße liegt brauner Schnee. Spuren von Autoreifen zeichnen ein bizarres Muster darauf. Auf den Dächern liegt schwarzer Schnee. Spuren von den Samtpfoten des Hauskaters kennzeichnen seine Wege.

Es hat aufgehört zu schneien. Dafür streicht der Wind eisig die Häuserfronten entlang. Niemand hält ihn auf und sagt ihm, dass Weihnachten ist. Keiner!

Ein Auto quält sich durch die Schneemassen. Niemand beachtet es.

In einem Hinterhof bellt ein Hund. Für ihn scheint auch kein Weihnachten zu sein.

Bunte Reklame grinst dich an - vielleicht, ja wahrscheinlich sogar, lacht sie dich aus.

Elektrische Christbaumkerzen! Dasselbe wie Ostern mit Steineiern. Der Mensch bricht gerne Traditionen. Es ist doch viel bequemer, elektrische Kerzen aufzustecken. Immer die Wachsflecken auf dem Boden.

Ein Mann spuckt in den frisch gefallenen Schnee. Ein Loch kennzeichnet die Einschussstelle.

Inzwischen sind die Wolken weitergewandert - gen Westen. Der Mond klettert mühsam über die Dächer.

Mülltonnen am Straßenrand quellen über. Buntes Papier streckt seine Zunge unter den Deckeln hervor. Vielleicht friert es - wie viele Menschen.

Traurig pickt ein Spatz Körner vom Fensterbrett im Parterre. Ihm sagt niemand, dass heute das Fest von Christi Geburt ist.

Tannen murmeln - nein, sie murmeln nicht, sie hatten einmal gemurmelt. Jetzt glänzen und knistern sie.

Elektrokerzen spotten des Festes. Eine Sicherung brennt durch. Ein Fluch, der im Anfang abgerissen wird. Die Kerzen spotten wieder.

Der Supermarkt hat seine Puten ausverkauft. Sein Geschäft ging auf. Er rüstet bereits für Ostern.

Leise miauend schleicht eine Katze, nicht der Hauskater, nein eine graue, grünäugige Katze über die Fahrbahn. Der Mond lächelt dazu.

Ein Genie, man sieht es an seinem grün-schwarz-karierten Schal, überquert die Straße. Alle Genies tragen grün-schwarz-karierte Schals - außer ich. Aber ich bin ja auch kein Genie.

Vor der Stadt, wo sich sonst Fuchs und Hase gute Nacht sagen, wünschen sie sich heute Frohe Weihnachten. Gemeinsam gehen sie zur Futterstelle, die der Förster errichtet hat. Einträchtig, als seien sie die besten Freunde, wandern sie durch den weißen Winterschnee. Es ist Weihnachten. Auf dem Heimweg wir der Hase gefressen.

S

Umgekehrt fände ich es origineller!

S

Zwei Jungen kugeln, Schneeball werfend durch den braunen Schnee.

Eine Weihnachtsgans spaziert schnatternd auf den festlich gedeckten Tisch. Mahlzeit! Unsereines hat wenigstens Anstand.

Klirrend zerspringt eine leere Schnapsflasche auf dem Trottoir. Der Wind pfeift immer noch sein Liedchen durch die Straßen, Gassen und Gässchen. Wahrscheinlich will er am Gabentisch mithausen.

Das braune Weiß knirscht unter den Schuhen. Es gibt kein Noël.

Kinderaugen strahlen, funkeln, lachen, sprühen Funken und verglühen. Geldbeutel haben die Schwindsucht. Aus dem Radio dringt gedämpfte Weihnachtsvolksmusik. Man gibt sich Illusionen hin und träumt. Von dem, was man hat, nicht hat, einmal hatte und nie haben wird.

Der Baum, meistens Fichte, manchmal Tanne, biegt sich unter den ihm aufgebürdeten Lasten. Er trägt alles mit Fassung, obwohl er nur einmal in seinem Leben das heilige Fest feiern wird.

Das erste Licht in der Straße verlischt. Langsam folgen ihm die anderen. Das Schneetreiben setzt wieder ein und deckt alles zu - weiß.

Der Mond klettert über ein anderes Dach in sein Bett. Es wird dunkel. Das Papier in der Abfalltonne steckt seine Zunge wieder ein. Die Elektrokerzen spotten nicht mehr. Der Fuchs hat den Hasen gefressen. Die Kinderaugen schlummern.

Nur die Katze hat nicht genug. Sie stolziert durch den Schnee - in den Morgen.

S

Pah, hatten die eine Ausdrucksweise vor fünfzig Jahren. Aber der Sinn hat sich nicht geändert. Oder?

S

Ein Gebäude – Im Flur

Hingekleckst und sprungbereit. Hingekleckst wie ein Farbtupfer aus dem Handgelenk eines Kindes auf eine leere Leinwand. Und sprungbereit wie ein, einer Gefahr lauernder Jäger.

Ich bin keines von beiden. Nach der Flucht befinde ich mich jetzt in einem geräumigen Flur. Doppelt so breit, wie ich groß bin. Höhe entspricht Breite. Lang – ohne ein Ende. Der Blick über die Schulter bestätigt dies auch für die andere Richtung.

Keine Schnörkel. Grün. Kitschiges, pastelles Grün. Keine Lichtquellen, keine Schatten, aber lichtdurchflutet. Keine Fenster, nur Türen. Türen rechts und links. Alles in diesem pastellen Grün.

Der Boden des Flurs ist nicht gerade. Jedenfalls ist er zu den Wänden hin hängend. Nicht viel, aber sichtbar. In der Länge ... Er rührt sich nicht. Unter den Füßen spüre ich keine Bewegung. Jedoch optisch ist sie da. Der Flur scheint sich in sehr langen, flachen Amplituden zu morphen.

Kein Ton, keine beruhigende Hintergrundmusik. Stille. Und die Erwartung, dass sich eine Tür öffnet und eine wilde Horde Schüler heraus stürmt.

Wo bin ich gelandet? Wie bin ich hierher gekommen? Das Wie ist im Augenblick nicht wichtig. Hauptsache weg. Doch wo bin ich? Vom Regen in die Traufe?

Keine Klinken. Keine Drehknöpfe. Keine Lichtschranken oder Sensoren. Was ist hinter den Türen?

Nichts bewegt sich - außer dem auf- und abmorphenden Gang. Existieren die Türen oder sind sie nur ein Trugbild?

Ich werde es wagen, mich bewegen. Die kauernde Haltung belastet die Knie. Ich muss wissen, wo ich ...

In diesem Augenblick stehen zwei Gestalten vor mir, die linke männlich, die rechte weiblich. Sie sind lautlos aus dem Nichts aufgetaucht, plötzlich, wie hingebeamt. Sie stehen vor mir, begutachten mich. Sehen sich an. Sehen wieder mich an. Senken kaum merklich die Köpfe, als könnten sie dadurch Details an mir besser erkennen. Sehen sich an und gehen weiter.

Soll ich mich vorstellen oder besser nicht? Ehe ich den Gedanken auch nur ansatzweise beginnen kann, sind sie vorbei und weg. Ich kann gerade noch aus dem äußersten Blickwinkel erkennen, wie sie in der Tür links hinter mir verschwinden. Diese hatte sich in dem Augenblick, als sie hindurchtraten auf die Hälfte verkleinert. Nun ist sie wieder normal groß. Halluzination? Die Tür hatte sich nicht geöffnet. Sie gingen einfach durch. Wie beim Mann, der durch die Wand geht.

Feindlich schienen sie nicht gesonnen. Oder holen sie Verstärkung? Nahmen sie mich nur als Fremdkörper wahr und wussten nichts mit der Situation anzufangen?

Bin ich in Gefahr? Oder bin ich ihnen völlig egal? Warum sagten sie nichts? Sagen grüne Männlein nichts? Haha. Ja, sie waren grün, grün wie alles hier. Das

Gesicht, die Hände, die vom Hals bis zu den Zehen nahtlose, detailcachierende Kleidung.

Sie sahen aus wie Menschen, bewegten sich auch so. Und konnten durch Türen gehen. Das kann ich nicht. Ich sollte es versuchen. Irgendetwas muss geschehen. Hier zu kauern kann nicht der Rest des Lebens sein.

Zögerlich richte ich mich auf und verweigere die letzten zehn Prozent. Um schneller wieder in die Hocke zu kommen? Ist Deckung mit Angriff von unten die beste Verteidigung? Noch tut mir niemand etwas. Wo bin ich?

Nur Ballen und Zehen berühren den Boden. Ich taste mich die Wand entlang zur Türe und greife danach. Durch diese sind die beiden Gestalten verschwunden. Sie ist da. Ich kann nicht hindurchgreifen. Für mich ist sie geschlossen. Ist dies nur eine Attrappe? Nein, Rahmen und Türe lassen sich ertasten. Ein leichter Zug durch den Spalt dazwischen spielt mit dem Flaum auf meinem Handrücken.

Die nächsten Türen vermitteln keinen Unterschied. Keine weiteren Personen tauchen auf. Keine Überwachungskameras sind zu sehen. Nur der sich eintönig ändernde Flur.

Als sei die Perspektive dort besser, sinke ich, den Rücken die Wand hinabrutschend, zu Boden. Es ist kein Ende des Ganges zu sehen. Hier nicht und da nicht und hier nicht.

Klopfen mit den Fingerspitzen der einen Hand gegen die der anderen erzeugt kein Resultat. Also höre ich auf damit. Bringt an die Decke starren etwas? Rechts, links oder warten, bis sie mich holen?

Nach den bisherigen Erfahrungen hier wird aus dem Holen nichts. Ich werde schon selber gehen müssen. Rechts? Links? Links? Rechts?

Als könnten sie die Entscheidung von den Schultern nehmen, gleiten meine Hände beidseitig neben mir zu Boden.

Blitzschnell zuckt meine linke zurück und ich fokussiere den Fleck, an dem gerade noch meine Finger den Boden berührt haben. Nichts, gar nichts.

Irgendetwas hat mich berührt. Ich betrachte die Finger meiner linken Hand, während die rechte weiterhin meinen Körper stützt.

Außer einem großen, grün schimmernden Tropfen auf der Kuppe des Zeigefingers ist nichts zu sehen. Aber diesen Tropfen spüre ich nicht. Es muss etwas anderes gewesen sein. Ich hebe die Hand, um ihn abzuschütteln.

„Jetzt sind wir zwei.“

Wer hat dies zu mir gesagt? Ich blicke um mich. Links, rechts, über mich und sogar über beide Schultern. Niemand ist zu sehen. Sollte es der Tropfen gewesen sein? Seit wann können Tropfen sprechen? Und womit?

„Jetzt sind wir zwei.“

Außer ich und mir fallen mir momentan nicht mehr für die zwei ein. Wird man hier nach so kurzer Zeit zur gespaltenen Person?

Ich werfe noch einmal einen Blick auf den Tropfen, bevor ich ihn endgültig von mir schleudern werde. Es ist ein Tropfen. Ohne Mund und Ohren. Ein Tropfen oben rund, unten flach. In ihm schimmern Bilder, die keine Spiegelungen aus diesem Raum sein können. Es sind Farben dabei, die nicht grün sind. Dies erweckt meine Aufmerksamkeit.

„Jetzt sind wir zwei."

Ein Ja-ich-weiß verlässt unwirsch meine Lippen. Zwinkert mir der Tropfen nicht gerade zu?

Aus meinem Inneren höre ich mich ein Willst-du-etwa-der-Zweite-sein sagen. Und der Kerl zwinkert wieder und ich vernehme ein deutliches Ja.

Jetzt spiegelt sich mein ungläubiges Gesicht in ihm. Wechselt zu Neugierde und dann Unsicherheit. Sich gegen die Gegebenheiten wehren, erscheint im Augenblick nicht angebracht. Warum sollte er nicht auf meinem Finger bleiben - solange er nicht schadet.

„Ich werde dir nicht schaden. Das kann ich gar nicht."

Woher weiß er meine Gedanken. Oder habe ich laut gesprochen?

„Nein, hast du nicht. Und ja, ich kenne deine Gedanken."

Mein Blick schweift ungläubig und unsicher durch beide Seiten des Flurs. Es ist nichts zu sehen, was nicht schon immer da gewesen zu sein scheint. Nichts was reden hätte können.

Da ich keine Selbstgespräche führe, bleibt der Tropfen – nur er. Ich werde mich auf ihn einlassen müssen.

„Ja, jetzt kannst du nicht mehr anders. Es ist deine einzige Chance heraus zu bekommen, wo du bist und wie es weitergeht.“

* * *

„Du hast sie noch nicht gestellt, aber du versuchst, eine Formulierung zu finden. Um deine Frage zu beantworten, ich bin dein Alter Ego. Meine Aufgabe ist es, dir den Gegenstandpunkt zu verdeutlichen. Nicht gegen dich, sondern mit dir jeweils eine Lösung, einen Weg, einen Kompromiss, oder wie immer du es nennen willst, zu finden. Die endgültige Entscheidung liegt jedoch alleine bei dir. In dem Augenblick, in dem du diese getroffen hast, habe ich für diesen Fall keine Möglichkeit mehr, dir zu helfen. Die Konsequenzen trägst du allein, positive und negative. Die Vergangenheit kann ich nicht ändern oder beeinflussen.

Du musst nicht mit mir sprechen. Ich weiß deine Gedanken. Du kannst mir auch nichts verheimlichen. Ich werde mich, ob gewollt oder ungewollt einmischen und wieder zurückziehen. Wenn es dir hilft, kannst du mich auch laut anreden. Bedenke aber, dass gesprochene Worte auch von anderen gehört werden können. Damit hast du ja Erfahrung.“

Ja, und ob ich die hatte. Das Überdenken der Reaktionen auf meine ausgesprochenen Wahrheiten hatte mich fliehen lassen. Hier bin ich gelandet.

„Du wirst meine Worte hören, jedoch nur in deinen Gedanken. Sie sind ein Teil davon, nicht mehr. Du solltest jedoch darauf achten, mich nicht zu verlieren. Denn dann bin ich weg, bis mich jemand neu berührt. Und - du bleibst hier gefangen, bis du einen neuen Gegenpart findest. Das wird schwer werden. Gegenparts, die verlorene ersetzen, laufen nicht viele herum. Ich bin nicht auf dich angewiesen, du aber auf mich."

„Was heißt gefangen, Gegenpart? Wo bin ich?"

***

„Deine Fragen beweisen, dass du neu hier bist. Sonst wärst du nicht so völlig unwissend. Ich bin gespannt, an wen ich hier geraten bin. Ich habe bis jetzt noch nie einen wie dich getroffen, einen der nicht schon einmal hier war. Ich habe sofort gewusst, wir passen zusammen."

„Bist du auch zum ersten Mal hier?"

„Für dich ja, ansonsten nein. Für andere nicht. Dein Stirnrunzeln gefällt mir.

Du bist in einem Gebäude. Einem Gebäude, von dem du gerade diesen einen Flur siehst. Es hat ein lokales wie temporäres Ende, obwohl es in seiner Ausdehnung unendlich ist."

„Endlich und gleichzeitig unendlich widerspricht sich doch!"

„Nein!"

„Doch!"

„Nein!“

„Wie soll ich mit jemandem auskommen, der den Unterschied bei Gegensätzlichem nicht erkennt oder kennen will? Oder ist es dies etwa nicht?“

„Doch und nein. Das Gebäude ist unendlich, für den Einzelnen jedoch nicht. Für den endet es, wo seine Vorstellungskraft, Toleranz oder auch seine Fähigkeiten enden. Nachdem die aber nicht fix sind, ich meine Level und Ausdehnung, muss das Gebäude so groß sein, dass es alle Konstellationen unterbringen kann.“

Das würde bedeuten, es existiert nur in meiner Fantasie?

„Nein, nein.“

„Sollte ich hier ein spöttisches Lachen im Unterton vernommen haben?“

„Nein, obwohl ich über deinen Wissenstand und deine Reaktion amüsiert sein sollte. Springe über deinen Schatten. Erweitere deine Toleranz dir gegenüber.“

„Was heißt ‚undendlich‘ – das heißt doch, dass es kein Ende gibt – und ‚Toleranz mir gegenüber‘?“

„Zum ersten Teil deiner Frage:Ja! Stelle dir einen Ball in einem Ball in einem Ball, usw vor. Du bewegst dich auf einem davon. Auf einen anderen gelangst du nur, wenn du das System verstanden hast und einen Weg gefunden hast. Bedenke, dass du immer durch eine Schicht hindurch musst. Das Wie musst du lösen. Dann steht dir alles offen – sofern es andere Systeme gibt.“

„Das impliziert, egal wie weit ich komme, für mich gibt es keine Unendlichkeit zu erreichen. Weil ich irgendwann auf meinem innersten oder äußersten Ball bin."

„Stell dir zur Veranschaulichung vor, es bilden sich immer neue Bälle, wenn du an eine Grenze stößt. Insofern ist der unendlichste Ball nie erreichbar. Der Ball auf dem du dich befindest wird größer oder kleiner mit deinem Denken. So bleibt über und unter dir immer Platz für neue Bälle."

Ich nicke mit dem Kopf, obwohl ich ihn innerlich schüttle. Hoffentlich bemerkt er es nicht. Sonst gibt es eine ewige Diskussion.

„Zum zweiten Teil: Du akzeptierst, was du weißt, was dir beigebracht worden ist, was du für richtig hältst. Tritt vor dich, stelle dich sonst wo hin und sieh alles an. Ich meine alles. Du wirst entdecken, dass du anders wahrnimmst. Manchmal ist etwas ähnlich, manchmal schon gesehen. Und manchmal völlig anders oder unbekannt."

Wahrscheinlich bilden sich wieder Falten an meiner Stirn. Der Tropfen fährt fort.

„Stelle dir vor, deine Meinung ist ein Pfeiler eines Pfahlbauses. Du sitzt darauf. Wenn das Haus je fertig werden soll, musst du aber zum nächsten Pfeiler bauen. Und so weiter. Auch die anderen, die daran bauen, müssen sich bewegen. Sonst wird das Haus nie fertig. Wird es wahrscheinlich sowieso nicht. Aber das ist ein anderes Thema."

„Gut, soweit kann ich folgen. Ich soll an dem Gebäude mitbauen, wie es wahrscheinlich andere auch tun. Ich bin hier als Sklave angestellt.“

„Nein“, fiel mir der Tropfen ins Wort.

„Spaß gemacht. Ich soll mich nicht auf mein Wissen und meine Meinung verlassen.“

„Nein, du sollst dich nicht nur darauf verlassen. Wissen, Erfahrung und Meinung sind wichtig, sollten aber hinterfragt werden können. Und beim Können sollte es nicht nur bleiben. Dies ist besonders in neuen Situationen und an neuen Orten wichtig. Nichtfragen ist Stillstand.“

„Und der bringt mich nicht weiter.“

„Damit könnten wir uns wieder dem Gebäude widmen. Oder willst du nicht mehr?“

Doch, ich will hier raus. Soll ich nicht heraus wollen?

„Gut gedacht. Du lernst schnell. Die Frage kannst du aber jetzt nicht stellen, da dir das Hintergrundwissen fehlt - noch! Wenn es soweit ist, wirst du selbst erkennen, ob du ganz wegwillst oder in ein anderes Gebäude, einen anderen Ort, eine andere Welt, ein anderes Universum.

Aber zuerst musst du dich hier zurechtfinden. Dann kannst du eine Entscheidung treffen.

Das Gebäude besteht wie jedes aus Stockwerken, Fluren und Räumen.“

„Und Treppenhäusern und Liften.“ Ich finde meine Zwischenbemerkung logisch.

„Für was sollen die im jetzigen Stadium gut sein?“

„Jetzt sollte ich lachen. Ein Treppenhaus brauchst du, um in das nächste Stockwerk zu gelangen.“ War der Tropfen doch nicht so schlau?

„Ach, du meinst Treppen. Treppenhäuser mag es in anderen Gebäuden geben. Sie ergeben nur einen Sinn, wenn einer hinter dem anderen herlaufen will. Über dieses Stadium bist du einerseits schon hinweg, andererseits noch nicht drin. Treppen befinden sich hinter jeder Tür.“

„Hinter jeder? Und was soll ‚schon darüber hinweg‘ und ‚noch nicht drin‘?“

„Erstens, du bist deswegen aus deinem Leben geflohen. Zweites, du kennst dich hier noch nicht aus. Und ja, hinter jeder Tür befinden sich zwei Treppen. Eine führt hinauf und die andere hinab. Der Gang, in dem wir sind, und auch die anderen befinden sich in Zwischengeschossen. In den Gängen hält man sich nicht auf. Sie sind die Verbindungswege zum Betreten und Verlassen der Gebäude.“

„Gibt es mehrere?“

„Ja unendlich viele. Aber du kannst in deinem Zustand dieses nicht verlassen.“

„Was heiß in meinem Zustand. Ich fühle mich nur unsicher. Ansonsten bin ich gesund.“

„Es geht nicht um materielle Gesundheit. Es geht um Gedanken. Es nützt dir nichts, das Ende eines Ganges erreichen zu wollen. Du wirst es nicht schaffen. Du

kannst dich vorerst nur in diesem Gebäude bewegen. Und auch nur in deinem Raum, den du erst betreten musst. So du denn jemals hier herauskommst.“

„Demnach bin ich in einem Gefängnis?“

„Sozusagen, ja“.

„Und wer sitzt hier ein?“

„Theoretisch alle“.

„Und was heißt theoretisch?“

„Theoretisch heißt, dass eigentlich alle hier sein sollten. Es sind aber nur wenige.“

„Wieso?“

„Weil sie sich nicht interessieren.“

„Verstehe ich gerade richtig? Hier sind Leute, die sich für etwas interessieren? Freiwillig! Und es ist ein Gefängnis? Wer geht freiwillig in ein Gefängnis, weil er sich für etwas interessiert? Passt zu dem grün, diesem endlichen, unendlichen Grün?“

„Warte, warte. Nur nicht so ungeduldig. Ich werde dir alles erklären, nur die Ruhe. Und - Spott bringt dich im Augenblick nicht weiter.“

„Wer waren die zwei Personen? Sie sahen nicht wie Gefangene aus.“

„Hier sieht niemand wie ein Gefangener aus. Wer sie sind, weiß ich nicht. Hier kennt niemand jemand.“

„Und warum haben sie nichts zu mir gesagt? Sie haben mich nur angestarrt.“

„Erstens ist es in diesem Gebäude extrem selten, dass jemand ohne Gegenpart frei herumläuft und ihm auch noch begegnet.“

„Von laufen kann bei mir nicht die Rede gewesen sein.“

„Also gut, dass sich jemand ohne Gegenpart frei bewegt. Sie waren sicher überrascht darüber, so dass sie nichts zu dir sagten. Vielleicht waren ihnen Gedanken über dich zu banal.“

„Und zweitens?“ Leichte Kränkung hätte mir jetzt gestanden. Aber der Tropfen hätte sicher nur noch einen draufgesetzt. Er unterlässt es aber.

„Haben sie zu dieser Überraschung eventuell darauf gewartet, dass wenn, dann du sie ansprichst. Kommunikation ist hier nur unter Paaren, wie bei uns, üblich. Unter ihnen ist sie auch Pflicht und notwendig, um weiter zu kommen. In diesem Gebäude trifft man sich nicht. Hier findet man zu sich selbst.“

„Also wollten sie auch raus?“

„Das weiß ich nicht. Vielleicht verlassen sie das Gebäude. Vielleicht starten sie von Neuem.“

Die Fragezeichen an meiner Stirn kann sogar ich gerade sehen. Dahinter herrscht Leere. Die entstehende Pause ist bedrückend. Ich sehe alibimäßig den Gang hinauf und hinunter. Niemand rettet mich aus der Verlegenheit. Endlich hat ein Gedanke Erbarmen mit mir: „Kommt jeder, der eine Entscheidung trifft hier raus?“

„Ja, nach Abwägung mit deinem Gegenpart kannst du tun und lassen, was du willst."

„Das heißt, wir beide müssen uns einigen. Dann kann ich weg. Und wie komme ich weg? Ich muss mich mit einem Tropfen einigen, während sich andere ..."

„Es ist egal, was oder wer dein Gegenpart ist. Du musst dich immer nur mit dir einigen. Gegenparts können alle möglichen Formen annehmen. Das Aussehen bestimmst du. Beim ersten Kontakt sind wir immer so, dass Ankommende möglichst wenig erschrecken. Das habe ich doch auch hingebracht. Oder?

Außerdem hättest du dir wahrscheinlich in die Hose gemacht, wenn dir ein Mensch als Gegenpart gegenüber getreten wäre. Oder total abgeblockt. Dort wo du her kommst, ist es schwierig, dass sich zwei Menschen einigen. Glaube mir, so ist es leichter.

Wir sollten uns auf eine Reihenfolge der Gedanken einigen. Dieses Vorgreifen und Querspringen endet doch nur in einem fadenlosen Geplauder. Es liegt an dir. Mir ist es egal. Ich bin flexibel."

„In Ordnung. Lass uns der Reihe nach alles durchgehen, wenn es so schneller zu einem Ergebnis führt."

„Vernünftig so."

„Doch eine Frage vorher noch. Ich kann bestimmen, wie du aussiehst? Du änderst dich dann?"

„Ja, so oft und in was du willst. Aussehen ändert aber nichts in mir. Du bringst damit nur Nebensächliches in den Vordergrund."

„Du gefällst mir, wie du bist.“

***

„Wenn du erfahren willst, wie du herauskommst oder ob du es überhaupt willst, musst du mindestens einen Raum betreten haben. Das Gebäude ist voll davon. Es ist egal, in welchen du kommst. Sie sind leer, wenn du sie betrittst. Du füllst sie mit deinen Gedanken. Das mitgebrachte Wissen von draußen, bleibt dir erhalten. Es wird im unteren Raum gelagert.“

„Das heißt, in den Räumen ist nichts Materielles? Sind die Räume und das Gebäude existent?“

„Ja, alles. Es spielt jedoch keine Rolle, ob es materiell oder nur spirituell vorhanden ist. Du siehst, was du sehen willst oder musst.“

„Was heißt hier musst? Wer zwingt mich?“

„Deine innere Logik. Deine Erfahrung. Nur du selbst bestimmst über dich.“

„Dies ist wieder ein Widerspruch, den ich ignoriere. Diesmal dazu, dass ich mich mit dir arrangieren muss, um heraus zu kommen.“

„Du brauchst ihn nicht ignorieren. Du solltest ihn nur mit einer anderen Betrachtungsweise angehen. Du musst dich nicht mit mir arrangieren. Du bist es, der sich mit sich arrangieren muss. Ich bin nur Mittel zum Zweck.

Aber kommen wir zurück zu den Räumen. Wenn du einen neu betrittst, ist er leer und klein. Gerade so, dass du dich wohlfühlst und darin auf und ab gehen kannst.“

„Wie in einem Luxus-Gefängnis."

„Indem du den Raum mit Gedanken füllst, richtest du ihn ein. Er wächst und schrumpft mit der Einrichtung. Räume sind räumlich nicht begrenzt."

„Wie soll ich das verstehen? Ein Raum ist ein Raum. Seine Maße sind fest. Außerdem stößt er an die Nachbarräume."

„Springe über deinen Schatten. Ein Raum ist nur begrenzt, weil du es so weißt. Wissen ist auf Konventionen aufgebaut. Gehe eine neue ein und du hast ein neues Bild und neue Möglichkeiten vor dir."

„Konventionen sind aber wichtig, um ein Regelwerk zu haben."

„Und eine Basis."

„Ja. Auch die. Du kannst mich mit deinen scheinbar liberalen Gedanken nicht überzeugen."

„Das will ich auch nicht. Überzeugen musst du dich. Ich gebe nur Tipps."

„Kann es sein, dass deine Tipps nur dazu dienen, mich hier aufzuhalten?"

„Nein, aber sie sind notwendig, um dich eine Entscheidung treffen zu lassen. Und ohne die kommst du nicht raus."

„Also gut, erzähle weiter vom Gebäude."

„Hinter den Türen kannst du dich frei bewegen. Treppauf, treppab und in den jeweilig dazugehörigen beiden Räumen. Du kannst darin tun und lassen, was du willst.

Bedenke aber, dass nur etwas geschieht, wenn es auf einer Entscheidung gründet. Ohne Entscheidung kein Resultat".

„Soweit habe ich verstanden. Wie viele Räume gibt es hinter der Tür?"

„Eigentlich drei. Von denen kannst du aber nur zwei betreten. Der Hauptraum liegt zwei Stufen nach unten. Er entspricht deinem Unter- und Bewusstsein. Darüber ein Raum für Neues. Hier kannst du aussuchen und probieren. Den unteren musst du einrichten. Was du zur Einrichtung dieses Raumes brauchst, kannst du vom oberen hier hereinholen. Der untere sollte irgendwann einmal fertig werden."

„Und was ist mit dem dritten Raum?"

„Der lagert Erinnerungen. Abgelegte Gedanken. Aber du hast keinen direkten Zutritt. Du kannst das dort Lagernde abrufen und bearbeiten, aber nicht ändern. Das Resultat kann, wenn du möchtest, im unteren Raum bleiben. Dort materialisiert es sich."

„Wie soll sich ein Resultat, ein Gedanke materialisieren?"

„Er wird zur Einrichtung, die du brauchst, um dich sicher bewegen zu können. Um deiner Frage vorzugreifen. Wo der dritte Raum ist, weiß niemand. Er ist einfach da. Vielleicht oberhalb des oberen oder unterhalb des unteren. Oder sonst wo. Es spielt keine Rolle, weil du keinen direkten Zugang hast und brauchst. Du kannst Vergangenes nur präsent machen, indem du einen neuen Gedanken beginnst. Und das passiert überwiegend im

oberen Raum. Dem Raum der Abwägungen und Entscheidungen und Abwägungen und ...“

„Und was passiert, wenn ich einen völlig neuen, unabhängigen Gedanken fasse?“

„Dann gehst du die Treppe hinauf. Neue werden im oberen Raum begonnen. Dort werden die Gedankenfäden gesponnen. Im unteren Raum gibt es nur Fertiges. Stelle dir den unteren als Wohnraum und den oberen als Arbeitsraum vor. “

„Und wenn ich einen bereits irgendwann begonnen Gedanken weiter spinnen möchte? Dann auch nach oben?“

„Ja, alles was entschieden werden muss, hat oben seinen Platz. Dieser Raum ist in der Regel nur beim ersten Betreten leer.“

„Was muss ich tun, wenn ich aus dem unteren Raum etwas von der Einrichtung entfernen will?“

„Dann bringst du es in den oberen. Dort triffst du deine Entscheidung. Entweder bringst du das Geholte zurück nach unten oder entscheidest, dass es weg sein soll. Dann ist es weg. Es kommt in den Lagerraum. Von dort kannst du es für neue Überlegungen abrufen. Du kannst es nur wieder erlangen, indem du einen Gedanken von vorne anfängst. Da kannst du es einbinden.“

„Du störst mich nicht, solange ich einen alten Gedanken wiederhole?“

„Das ist falsch. Ich mische mich schon ein, wenn ich will. Die Entscheidung darüber liegt bei mir. Wenn ich

meine, dass er damals schon falsch war, greife ich ein. Oder wenn er dich jetzt falsch leiten würde.“

„Und du entscheidest, was falsch oder richtig ist?“

„Diese Gedanken können wir hier nicht auf dem Flur erörtern. Dazu müssen wir in einem Raum sein. Die Zeit auf Gängen ist begrenzt.“

„Dann gut, gehen wir.“

„In den Räumen kann ich dir aber nicht mehr erklären, wie das System hier funktioniert. Dieses Wissen ist hilfreich, sonst kommst du hier nur schlecht heraus.“

„In Ordnung, das ist ein Argument, dem ich nicht widersprechen kann.“

„Also noch einmal. Hinter diesen Türen sind Räume und Treppen, eine hinauf, die andere hinab. Sie enden jeweils in einem Raum. Der untere Raum ist einzurichten. Fasst du einen neuen Gedanken oder bastelst an einem, gehst du die Treppe hinauf in den darüber liegenden Raum.“

„Soweit ist mir das klar. Und der nicht zugängliche Raum weiß, wo alles gelagert ist. Oder wer macht das?“

„Er ist zugänglich, aber nicht direkt. Und nur du hast Zugriff darauf. Er weiß wo er etwas findet und wird immer alles vorbereitet haben, wenn du es brauchst. Ausführen kannst das nur du. Du musst auch wissen, welchen Gedanken du willst. Nur diese sind abrufbar. Niemand bietet dir vergangene Gedanken an, an die du dich nicht selbst erinnerst.“

***

„Wozu sind die Gänge da?"

„Jeder kommt erst einmal in einem Gang an. Erst wenn er bereit ist, ein Alter Ego zu akzeptieren, kann er einen Raum betreten. So lange bleibt der Ankömmling im Gang."

„Und wenn er nicht zustimmt? Bleibt er dann auf dem Flur? Bis er verrottet? Oder wird er wieder zurück geschickt, wo er hergekommen ist?"

„Zurückgeschickt wird niemand. Wer einmal hier ist, ist mit Vorsatz gekommen. Es gibt keinen äußerlichen Zwang. Dem Kommen ging eine Entscheidung voraus, und an die ist er gebunden. Heraus kommt man nur, wenn man mit seinem Raum fertig ist. Das entscheidet grundsätzlich jeder für sich. Dann kannst du einen anderen Raum vom Flur betreten oder in deinem neu beginnen; oder am Ende des Ganges das Gebäude verlassen und zurück in dein Leben oder in das nächste gehen. Und ich meinte beide."

„Wir sind doch schon eine ganze Weile hier. Wo sind die Neuankömmlinge? Es müssten doch Massen sein."

„Sollte man meinen. Aber das Gebäude ist riesengroß. Erinnere dich an meine Worte am Anfang. Ich sagte unendlich. Die Neuen verlieren sich in den Weiten. Außerdem sind es zu wenige. Wo du herkommst, will man selten über sich selbst Klarheit haben. Der Andere ist wichtiger, solange es nicht um den eigenen Besitz geht. Dies ist hier ganz anders. Da keiner auf einem langweiligen Gang bleiben will, weil die Leute zu neugierig sind, weil ..., was weiß ich, sind die Gänge wenig bevöl-

kert. Zudem ist hier ein ganz anderes Zeitsystem. Es ist ähnlich der Zeit in euren Träumen. Zeit ist hier ein sporadischer Faktor. Dies ist aber Thema für die Räume und nicht für Gänge."

„Kommt jeder an der gleichen Stelle an oder irgendwo in einem beliebigen?"

„In welchem Flur oder Gebäude du ankommst hängt maßgeblich davon ab, welchen Wissensstandard du bei deiner Ankunft hast. Wo du dann eintriffst, ist zufällig. Immer da, wo gerade Räume frei sind und sich ein freies Alter Ego aufhält."

„Und wenn kein freies herumlungert?"

„Wir lungern nicht herum, wird sind da, wenn man uns braucht. Wir können uns jedoch auch selbst an jemanden binden. Wie ich bei dir.

Die Gänge sind die Verbindungen im System. Ohne sie würde keine Einheit herrschen. Stelle dir vor, jeder Raum wäre ein eigenes Gebäude. Was hätte das für einen Sinn? Mehr Aufwand bei keinem zusätzlichen Nutzen. Denk nur an die Heizkosten!"

„Haha! Heizkosten!"

„Das war im übertragenen Sinn zur Auflockerung. Du verstehst wohl keinen Spaß?"

Innerlich freue ich mich, ihn verunsichert zu haben. „Aber was hat es für einen Sinn, ein System zu bilden?"

„Wir können dies nicht hier diskutieren. Dies hat in den Räumen zu geschehen. So ist nun einmal die Satzung."

„Und wer hat die geschrieben?“

„Du hast sie akzeptiert. Bereits in deinem Leben. Sie entsteht durch innere Zwänge, ererbtes und gelerntes Wissen und Halbwissen, Glauben, Verhalten, usw. Dies alles kennt das System, wenn du ankommst, und weist dir dein Gebäude zu. Eigentlich hast du keine Wahl bei deinem Raum. Das Gebäude gibt dir einen. Du glaubst, nur eine zu haben. Alle leeren Räume sind am Anfang gleich. Es ist egal, welchen du betrittst.“

„Das war jetzt aber keine Antwort auf meine Frage!“

„Schau nicht so vorwurfsvoll. Die Satzung ist so alt, dass niemand weiß, wer sie erstellt hat. Sie existiert eben und ist systemrelevant, wie es bei euch so schön heißt.“

„Ah, du meinst, man hinterfragt nicht. Man nimmt sie als gottgegeben hin.“

„Gottgegeben sicher nicht, aber auch nicht diskutierbar. Zumindest nicht in diesem Geschoß. Vielleicht in einem anderen Gebäude? Das kann ich dir nicht beantworten. Ich bin an hier und jetzt gebunden.“

„Ist dieses Jetzt ist so ein Beispiel für den sporadischen Einfluss der Zeit? Bleib ruhig.“ Diesmal kann ich mein Grinsen sehen.

„Noch eine letzte Frage zu den Gängen. Warum sind sie so breit, wenn nur Neuankömmlinge hier sind, und die nur vereinzelt?“

„Der Gang muss so groß sein. Stelle dir eine Panik bei euch vor. Viele wollen dann gleichzeitig aus ihrem Leben ausbrechen und landen hier. Das Gebäude nimmt alle

auf. Alle. Und für solche Fälle sind die Gänge eben breit und lang.“

„Lang verstehe ich, schließlich hat jeder einen eigenen Raum, wenn ich es richtig verstanden habe. Aber so breit?“

„Ist doch ganz einfach. Jeder kommt mit einem riesigen Bündel Erinnerungen und Meinungen hier an. Diese stehen bis zum Betreten des Raumes alle auf dem Flur. Glaube mir, hier ist manchmal kaum ein Durchkommen. Nachdem der Ankömmling sein Alter Ego akzeptiert hat und durch eine Türe geht, verschwindet alles in seinem dritten Raum. Natürlich nur was ihm gehört.

Die Entscheidung durch die Tür zu gehen fällt nicht, da du dich bereits mit deiner Ankunft dafür entschieden hast. Gänge sind Niemandsland. Erst wenn du einen Raum betreten hast, kannst du weitere Entscheidungen treffen.“

„Warum kommt man dann nicht direkt in einem Raum an?“

„Weil du erst dein Alter Ego brauchst. Und die gibt es ungebunden und frei nur auf Gängen. Vielleicht um zu vermeiden, dass in einem Raum zwei davon gleichzeitig sind. Nicht auszudenken, das Chaos.“

„Warum kommt man nicht in einer Empfangshalle oder besser noch in einer Kantine an? Das wäre doch viel sinnvoller und gemütlicher.“

„Um Gemütlichkeit geht es hier überhaupt nicht. Und eine Empfangshalle würde nur zu Verwirrungen führen. Menschen sind geschwätzig. Sie kämen nie in die Gänge.

Außerdem bist du dem System bei der Ankunft bis ins Detail bekannt. Deshalb landest du gleich da, wo du hinpasst.“

„Das System will also verhindern, dass man sich austauscht. Hat es Angst vor einer Revolution?“

„Sicher nicht. Aber zuerst musst du dir klar werden, wer du bist und was du willst. Wenn du damit fertig bist, kannst du in ein anderes Gebäude. Dort gibt es Kommunikation, auch zwischen Menschen. Vielleicht auch Revolution.“

Der Kerl zwinkerte doch. Oder? „Und du bist dann noch dabei?“

„Nein, denn dann bist du in der Lage, ohne mich auszukommen.“

* * *

„In diesem Gebäude gibt es keine Kommunikation untereinander?“

„In diesem Gebäude nicht. Hier ist jeder Neuankömmling bis er zu sich selbst gefunden hat. Es gibt keinen Sinn, Menschen zusammen zu lassen, die nicht mit sich selbst klarkommen. Du kennst das aus deiner Welt. Funktioniert es dort etwa?“

Meine Verweigerung einer Antwort sieht der Tropfen als Zustimmung, denn er fährt fort.

„Siehst du. Unser System funktioniert.“

„Und wenn einer nie mit sich selbst klar kommt? Dann bleibt er ewig in seiner Zelle?“

„Ja. Oder er geht wieder in sein altes Leben zurück. Das gibt es auch. Doch glaube mir, die zerbrechen dort."

„Jetzt verstehe ich auch, dass und warum ich mir Gedanken machen und eine Entscheidung treffen soll. Der letzte Entschluss in einem Raum ist also, in ein anderes Gebäude oder zurück ins alte Leben."

„Ja. In ein anderes Gebäude kannst du aber nur, wenn das System dich für reif genug hält. Dies erkennst du daran, dass in deinem Raum keine Schatten mehr fallen. Solange auch nur ein Schatten zu sehen ist, kannst du nur bleiben oder in dein altes Leben zurück. Den Rückschritt kannst du jederzeit machen. Beim Quantensprung verlässt man sein Gebäude und geht in ein neues. Es stehen genug davon herum."

„Und wo bin ich? Wie nennt sich das hier?"

„Schema."

„Ich spinne einfach mal zusammen. Das Gebäude ist ein Schema. Hinter den vielen Türen sind die Individuen, die eine Gesamtheit bilden. Solange sie halbwegs gleich ticken, sind sie auf demselben Flur. Größere Abweichungen mit denselben Grundlagen sind auf entsprechenden anderen Fluren, aber immer noch im selben Gebäude. In anderen Gebäuden sind völlig andere Denkweisen normal. Alle Gebäude zusammen geben eine Stadt, die stellvertretend für die Gesamtheit der Denkmöglichkeiten steht. In ein anderes Gebäude kommt man jedoch nur, wenn man zu sich selbst gefunden hat. Es muss ein Weg oder eine Straße beide verbinden."

„Du hast es erfasst. Und je höher du mit deinem Geist gekommen bist, umso mehr Personen werden in einem Raum leben können. Bis am Schluss nur noch ein Raum da ist.

Um beim Bild zu bleiben, es gibt aber auch noch darüber Ordnungen wie bei euch das Land, die Erde, das All, usw. Doch ein Wechsel dahin ist in der Regel keinem Sterblichen zugänglich.“

* * *

„Um noch einmal auf die beiden Personen zurückzukommen. Waren sie zwei Menschen?“

„Nein, es war nur einer. Was du glaubst, als zweite Person gesehen zu haben, war das Alter Ego. Manche wollen es als Person, die zu ihnen passt. Lass sie in dem Glauben. Es ist nicht anders als ich. Form spielt keine Rolle. Auf die Funktion kommt es an. In diesem Gebäude gibt es keine zwei zusammengehörenden Personen.“

„Du hast vorher einmal gesagt, dass das Gepäck der Ankommenden hier am Flur steht, bis sie einen Raum betreten. Warum habe ich keines?“

„Weil du nicht bewusst aus deinem Leben gekommen bist. Du bist nicht mit der Absicht gekommen mit dir ins Reine zu kommen. Du bist aus einem Traum entflohen. Und aus Träumen kann man nichts mitnehmen. Träume bilden eine eigene Gedankenebene. Es gibt hier auch Gebäude, in dienen diese Ebene verarbeitet wird. Das System hat dich aber diesem zugeteilt. Es weiß, was es tut.“

„Das hoffe ich. Habe ich keine Erinnerungen mehr?“

„Doch, die sind bereits im Lagerraum. Sie kamen getrennt von dir. Ich denke, die Grundbegriffe hast du nun intus. Gehen wir in deinen Raum hinein.“

„Das geht nicht. Ich habe es schon versucht. Die Türen haben keine Griffe.“

„Brauchen sie auch nicht. Du kannst durch die Türen schreiten. Sie sind symbolisch. Du musst es einerseits wollen und andererseits zu zweit sein.“

„Und dann kann ich hindurchgehen wie die beiden vorher? Ich muss nur wollen?“

„Und zu zweit sein.“

„Und warum das?“

„Weil du drinnen allein keine Entscheidung treffen kannst. Das heißt, du kannst, aber es ist keine ausreichend durchdachte. Dies gehört aber zum Grundprinzip des Systems. Ohne dieses kannst du dich hier nicht frei bewegen. Du musst immer mindestens eine konträre Meinung wissen, um eine Entscheidung treffen zu können.“

„Und wenn es keine Gegenargumente gibt? Oder mehr als eines?“

„Es gibt immer mindestens zwei Seiten. Da man sie aber nicht immer gleich erkennt, gibt es das Alter Ego. Ich vertrete dich außerhalb deiner Meinung.“

„Ich frage dich nicht, wie du heißt, obwohl es mir schon die ganze Zeit auf der Zunge brennt. Du hast keinen eigenen Namen. Du bist ich.“

***

Inzwischen ist mir klar, wo ich bin. Ich bin in einer Art Basislager meines Gehirns gelandet. Ich bin auf dem Weg zu mir und in mich.

Gefängnis, weil ich in mir gefangen bin.

Ja solange, bis ich sage, ich will mich nicht mit mir beschäftigen. Dann kann ich hier raus. Aber ich glaube, die Welt ist draußen unangenehmer. Ich weiß das. Ich bin von dort gekommen.

Die Tür vor uns verkleinert sich. Wir treten ein.

S

Wenn ich vor meinem alten Leben geflohen wäre, hätte ich mir eher überlegt, was als nächstes geschehen soll und nicht, wie eine spirituelle Welt funktioniert.

Ich freue mich trotzdem diebisch, dass ich ihm den Dialog liefern konnte. Er hätte sich sonst nie in diesem Maße mit der Enge seiner Gedankenwelt beschäftigt.

Andererseits hoffe ich, dass er begriffen hat, dass die Gedanken über seine Gedanken endlos weiterdiskutiert werden könnten. Ein Ausflug in diese Welt sollte ein Ausflug bleiben.

S

Reissack in China

Es war das Jahr, als sich der Mond zum ersten Mal von Menschen berühren ließ; im Jahr, als allgemein festgestellt wurde, dass die Steinewerfer immer noch nichts dazu gelernt hatten und wahrscheinlich auch nie lernen werden. Ja, das Jahr, in dem in China zwei Reissäcke umfielen; einer in Anshun in der Provinz Guizhou und der andere in einem Vorort von Peking. Während der Ort vom ersten feststeht, verliert sich der vom zweiten im Dunkeln der Zeit und ist nur durch die Überlieferung des Wortes Peking einer Region zuzuordnen.

Dass erstmals der Mond von Menschen betreten worden ist, mag ja interessant sein. Dass es Steinewerfer gab, mag auch noch halbwegs Interesse wecken, aber, werden Sie fragen, was interessiert mich, ob in China ein Reissack umgefallen ist. Und genau darum geht es.

Vorausschickend ist zu bemerken, dass ein Reissack nicht umfallen kann, da er sich nicht selbst aufrecht halten oder stehen kann, ohne Inhalt sinkt er in sich zusammen. Insofern müsste es Säcke mit Reis (gefüllt) heißen. Über diesen inhaltlichen Fehler bitte ich hinwegzusehen, ich gehe mit gutem Beispiel voran. Ein Reissack ist ein Sack, der dafür bestimmt ist, Reis aufzubewahren, zu transportieren, usw.; ein Sack mit Reis ist ein (Reis-)Sack, der Reis beinhaltet. Eine weitere Diskussion über dieses Thema verhindert nur, dass wir zum Kern kommen, darum Schluss damit. Da die Ungewissheit nur peripher unseren Fall beeinflusst, nehmen wir sie in die Erörterung nicht herein, ihr Einverständnis vorausgesetzt.

Übrigens, der in Peking ist genau genommen gar nicht umgefallen, sondern beim Entladen eines Lastwagens, Anhängers, Handwagens, Pferde- oder Eselsrückens, oder was auch immer, auf die Straße und somit heruntergefallen. Ob er vorher umgefallen ist, oder direkt auf die Straße stürzte, ist heute nicht mehr feststellbar, war es damals auch nicht, da es angeblich niemand beobachtet hatte.

Aber, und jetzt wird es interessant, mehrere Fragen hierzu haben über vierzig Jahre überlebt und beschäftigen noch heute Menschen wie mich und den geneigten Leser. Sie können sich aber gerne der Mehrheit anschließen und die Frage nach dem Interesse negativ beantworten und hier mit dem Lesen aufhören. Nur, dann werden Sie nicht erfahren, ob es nicht vielleicht doch noch interessant wird. Sie sind in einem Dilemma, ich nicht, denn ich weiß, was kommt.

Nehmen wir einmal an, Sie lesen weiter, denn aus diesem Grunde schreibe ich das alles, obwohl es mich anöden müsste, da ich in das Folgende eingeweiht bin, oder schreibe ich das, weil ich mich langweile? Schieben wir diese Frage, die nicht zum Themenkomplex gehört, beiseite. Bei Interesse kann sie später erneut aufgegriffen werden. Wobei dies so eine Sache ist, mit dem Später-wieder-Aufgreifen.

Genau das, ohne später, machen wir aber jetzt mit den Fragen zu den Reissäcken. Noch beschäftigen sie nicht Anthropologen oder Archäologen, auch keine Historiker. Letztere vor allem nicht, weil sie von der Existenz der Fragen überhaupt keine Ahnung haben. Woher sollten sie, es gibt ja anscheinend weder Augenzeugen noch Aufzeichnungen darüber.

Das mit den Aufzeichnungen möchte ich relativieren. In Maos Staat gab es sicher über alles Berichte und Verhörprotokolle. Warum nicht auch über die beiden Fälle mit den Reissäcken?

Kommen wir zu der ersten Frage, die sich zwangsläufig ergibt und die immer noch unbeantwortet ist. Wäre doch ein lohnendes Ziel für eine Fernsehreportage vor Ort. Vielleicht gibt es Augenzeugen, die sich dunkel erinnern und im Idealfall sogar den Tag benennen können, eventuell auch, wer in dem Fall als Beschuldigter auserkoren wurde, wer den Fall bearbeitet hat und ob es Protokolle gibt oder gegeben hat.

Was geschah mit den Beschuldigten? Wessen wurden sie angeklagt? Wurden sie schuldig gesprochen und verurteilt, wenn ja, zu was und wie viel?

Die nächsten Fragen lauten: Wie lang waren beide Fälle zeitlich auseinander oder passierten sie zeitgleich. Hatten die beiden Fälle etwas miteinander zu tun? War es derselbe Täter? Wie war es dem Täter möglich, quer durch das Land zu reisen, um seine Taten zu begehen? Hatte er Helfer, gar Mittäter? War etwa eine Verschwörung im Gange? Gegen wen? Waren die Vorgänge politisch motiviert oder hatten sie privaten Charakter?

Waren die Säcke leicht genug, dass sie von einer einzigen Person aus ihrer Lage gebracht werden konnten? War der Täter überhaupt ein Mann? Welches waren jeweils seine/ihre Motive für die Tat? Gab es mildernde Umstände, da er/sie vielleicht eine schwere Kindheit hatte? Letztere Frage kann aus historischer Sicht ziemlich sicher mit *nein* beantwortet werden.

Erstens gab es damals derartige Überlegungen bei ähnlich gelagerten Fällen nicht einmal in Europa, geschweige denn in einem kommunistischen Regime, wie in China. Sollten derartige Überlegungen in Fällen, wie diesen oder ähnlich gelagerten, überhaupt eine Rolle spielen?

Bevor es jetzt zu historischen, politischen oder philosophischen Grabenkämpfen kommt, wollen wir uns lieber dem nächsten Fragenkomplex zuwenden. Wie hoch waren die Schäden? Wer waren die Geschädigten und wer kam für den Schaden auf?

Gesetzt den Fall, der Täter konnte ermittelt werden - oder er wäre 'von oben' bestimmt worden, er wäre verurteilt worden, und er hätte eine Wiedergutmachung aufgebrummt bekommen, wäre er in der Lage gewesen, diese Auflagen zu erfüllen? Hätte seine Familie darunter leiden müssen? Hatte er überhaupt Familie?

Angenommen er wäre in ein Zwangsarbeitslager gekommen, hätte die Wiedergutmachung dann eine aufschiebende Wirkung gehabt, oder wäre sie nach der Entlassung des Delinquenten verjährt gewesen?

Oder sollte ich lieber sagen: 'Was interessiert es mich, ob in China ein Reissack umgefallen ist?'

Was anfangs aussah wie eine vorschnelle Frage/Aussage, entwickelt sich jetzt zu einer des eigenen Schutzes. Selbst wenn ich mich hier vor der chinesischen Staatsmacht sicher sehe, taucht trotzdem das Gefühl auf: ‚Können die mich in Europa davor schützen?‘

Meine einzige Hoffnung ist, dass die Tat verjährt ist – auch in China. Oder dass sie die Tat und mein Interesse für nichtig betrachten. Zumindest was mich angeht.

Hätte ich die Gedanken nicht äußern sollen? Im Internet steht viel über Fälle, in denen Personen beseitigt werden, wenn sie Unliebsames publizieren.

Obiger Gedankenanriss zeigt, dass auch anscheinend Unscheinbares zu Existentiellem führen kann, selbst für Unbeteiligte.

Ist Desinteresse und sich heraushalten ein sicherer Selbstschutz? Das auch noch aufzudröseln, würde wirklich zu weit führen und mich in noch größere Schwierigkeiten bringen. Um den Wald zu schonen, lasse ich es.

Auf was will ich eigentlich hinaus? Wahrscheinlich darauf: Mathematisch ausgedrückt käme bei der Gleichung mit Bekannten und Unbekannten 1969 heraus.

Was haben der Mond, die Steinwerfer und die Reissäcke in China mit meinen Gedanken zu tun? Ehrlich gesagt, gar nichts. Es ereignete sich nur alles in diesem Jahr 1969.

S

War die Zeit damals so? Oder ist sie etwa noch so? Wenn ja, dann möchte ich zurück in meine Kiste.

S

Bahnreisen

S

Zwei Geschichten, bei denen die Bahn und die Zeit eine Rolle spielen. Wobei eine wahr ist und die andere als vielleicht logische Folge des Erlebten entstand. So ganz ist mir weder die Reihenfolge klar, noch welche die erfundene ist.

S

Die Reise

„Sie sind seit zehn ...“ Doch halt. Der Reihe nach.

Unsere Bahn fuhr an. Kaum jemand war zugestiegen; alle ohne Sitzplatz ausgestiegen. Endlich verschwand das Fenster mit dem Grimassen schneidenden Kind im nebenstehenden Zug.

Weitere zehn Minuten hatten sich zu unserer Verspätung von nun mehr als einer Stunde hinzuaddiert.

Neben mir tippte ein ferngesteuertes Mädchen wichtige Nachrichten in ihr Handy. Seit gut einer viertel Stunde. Nahezu unaufhörlich. Nur ein paarmal hatte sie kurz vor der Einfahrt in den Bahnhof aufgesehen, mit dem Kopf im Takt genickt und den Stöpsel im rechten Ohr zurechtgerückt. Dann war sie wieder in ihrem Handy verschwunden.

Mir gegenüber taktete ein junger Mann mit Pudelmütze gegen den Rhythmus der Gleise seinen Oberkörper.

Dabei sah er gespannt aus dem Fenster. Vom linken Ohr führte ein Kabel zu seinem Handy. Das hielt er mit abgespreizt verdrehter Hand von der Brust weg. Der Strahlen wegen?

Im Bahnhof davor hatte sich eine Traube Menschen in unseren schon vorher fast vollen Großraumwagen gedrängt. Umfallen nicht mehr möglich.

Gedämpft klang Gleisrattern herauf. Wo hatte die Bahn beim letzten Halt in so kurzer Zeit die zwei Waggons hergezaubert? Oder war die Komplettierung im Fahrplan vorgesehen? Warum nicht am Halt davor, wo die vielen Leute eingestiegen waren? Früher war das anders. Als Eisenbahner hätte man sich für die heutige Arbeitsweise in Grund und Boden geschämt.

Am Startbahnhof an der Küste hatte der Zug aus einem Wagen und der Lok bestanden. Das war vor zwei Stunden gewesen. Das Gedränge hatte im letzten Bahnhof erst abgenommen, nachdem etliche Fahrgäste in die neuen Waggons gewechselt waren.

Die Luft war nun merklich besser. Ich widmete mich den vorbeiziehenden Wiesen, Bäumen, Feldern und spärlicher werdenden Dörfern. Flaches Land soweit das Auge reichte. Der interne Geräuschpegel im Raum sank. Von draußen war einlullend das Rattern der Schienen zu vernehmen. Ich kuschelte mich zurecht und versuchte zu schlafen.

Bis B. werden es einige Stunden sein.

***

Nahezu zwei Stunden waren vergangen, als ich auf meine Uhr blinzelte. Mein Gegenüber hielt weiterhin sein Handy in der Hand. Sein Kopf war zur Seite geneigt und ruhte am Ohr der Rückenlehne. Alles im Abteil wirkte fahl, als habe jemand mit der Bildbearbeitung die Farbsättigung zurückgenommen. Menschen, Kleidung, Koffer, Plastiktüten, selbst die Wände und Decke.

Was vor dem Fenster vorbeizog, war nicht mehr Landschaft. Verlassene Industrieanlagen, von jahrelangem Kampf mit dem Rost gezeichnet und offensichtlich verlierend. Schlote mit abgebrochenen Spitzen. Halbdemontierte und abgeschnittene Rohre, sich an eine Rostnaht klammernd. Graue Grasbüschel.

Hier wurde schon lange nicht mehr geklaut.

Industrierelikte, abwechselnd mit leeren Wohnblocks, geborstene Fensterscheiben. Nicht einmal ein Vorhang wehte heraus. Gab es abseits der Bahntrasse keine Luftbewegungen?

Verstreut ein paar leblos wirkende Gestalten. Kahle Äste versuchten, sich vom Stamm fernzuhalten.

Nur vereinzelt dunkelblaue Flecken durchbrachen den orange-flammenden Himmel. Nichts von der Farbenpracht spiegelte sich in der Trostlosigkeit.

Das Licht wurde weniger und weniger. Bis das Dunkelblau das Flammenmeer absorbiert hatte. Ich schlief wieder ein.

***

Lange war ich weggewesen, als ich von einem Quietschen wach wurde. Der Zug kam zum Stehen.

Rundum Wüste, Sand, Sand, Sand und ein strahlend blauer, wolkenloser Himmel ab dem Horizont.

Die staubfreie Teerfläche rechts und links des Zuges wirkte befremdend. Keine Straße führte her oder weg.

Niemand fragte, niemand sprach. Niemand bewegte sich. Eine Szene wie ein kombiniertes Foto. Sprechend, stumm und erstarrt.

Plötzlich kam im Abteil Bewegung auf. Fahrgäste kramten in ihren Taschen. Andere blickten gelangweilt aus dem Fenster. Keiner zeigte Verwunderung. Reisten sie die Strecke regelmäßig?

Dann fror die Szene wieder ein. Lange, lange Zeit verstrich. Es konnten Sekunden, Minuten oder Stunden gewesen sein, als sich der Zug wieder in Bewegung setzte. Das Rattern der Schienen nahm Fahrt auf. Der Horizont verschob sich langsam, kaum erkennbar. Im Sand glaubte ich, Schattierungsänderungen zu erkennen. Gab es sie? Keine Sonne war sichtbar, nur deren Licht. Wie sollten Schatten entstehen?

***

Ich musste wohl wieder weggenickt sein. Der Geräuschpegel im Abteil stieg an und übertönte das Klackern der Schienen.

Ein Blick aus dem Fenster belehrte mich eines Besseren. Der Zug stand. Im Abstand von fünfzehn Metern verlief parallel eine Ziegelmauer. Dahinter ein endlos langes, dreistöckiges Gebäude, ebenfalls aus dem rotgrauen Material. Hier waren die Fenster intakt. Ja, man konnte dahinter sogar Leben erkennen.

Kahle Bäume zwischen Mauer und Gebäude, kein Blatt, grau. In den wolkenverhangenen Himmel ragten in gebührendem Abstand vier runde Schornsteine über das Gebäude, ebenfalls aus rotgrauen Ziegeln.

Auf der Kopfsteinpflasterstraße vor der Mauer gingen Leute, eingemummt in graue Mäntel, graue Mützen auf den Köpfen.

Kein Farbklecks weit und breit, nur Tristesse. Selbst die kurzen Flammen, die neugierig aus einem Fass aufloderten und versuchten zu entkommen, konnten keinen wärmenden Akzent setzen. Um die Tonne standen fünf Männer. Jeder hielt eine seiner Hände darüber. Mit der anderen umklammerte er seine Bierflasche, die ab und zu ihren Weg zum Mund fand. Die Aufgaben der Hände wechselten. Es musste draußen kalt sein.

An die Mauer gelehnt saßen drei Frauen, die Köpfe nach vorne gesenkt. Als schliefen sie. Neben der rechten waren je zwei Ziegel aufeinandergestapelt. Darauf stieg aus einem kleinen Topf etwas Dampf. Darunter ein paar glimmende Späne.

Niemand nahm Notiz von dem Zug. Dabei stand er nur ein paar Meter von den Leuten entfernt. War er so alltäglich, dass sie ihn keines Blickes würdigten. Oder konnten sie ihn nicht sehen?

Die blattlosen Bäume, das Fabrikgebäude, alles sich hinter den Menschen Befindliche wandelte sich in schwarze Flächen, einem Scherenschnitt gleich.

Durch den Lautsprecher im Waggon ertönte eine Stimme:

„Unser Aufenthalt wird voraussichtlich eine Stunde betragen. Sie können den Zug verlassen. Wir werden vor der Weiterfahrt ein Pfeifsignal ertönen lassen und sie draußen auch persönlich auffordern, wieder einzusteigen. Bitte entfernen Sie sich nicht zu weit."

Ein Knacken beendete die Mitteilung. Bis jetzt war auf der ganzen Fahrt keine Durchsage erfolgt. Nicht einmal in der Wüste. Oder hatte ich die nur geträumt. Hatte der Zug nicht im Nirgendwo gehalten, umgeben von einem leeren Parkplatz und Sand?

Mein Gegenüber zu fragen, war zwecklos. Er schlief.

Als ich die junge Frau neben mir ansprechen wollte, fuhr draußen ein Bus vor, ein weißer doppelstöckiger Liner mit weißer Perlmutt-Beschriftung: Traumlinie. Er passte mit seiner staubfrei, fast steril wirkenden Lackierung nicht zur Umgebung. Er wirkte wie auf Jungfernfahrt. Oder hatte ihn der Fahrer gerade gewaschen?

Respektvoll wichen die Leute zur Seite.

Die Frau zupfte an sich herum, entstöpselte beide Ohren und kramte in ihrer Tasche. Dann wandte sie sich mir zu:

„Sie können mit dem Bus fahren. Die Strecke ist landschaftlich schöner und die Fahrt dauert auch nicht länger."

Dann stand sie auf und ging. Offensichtlich kannte sie sich aus. Waren die Stopps im Fahrplan? Ich hatte keine entdeckt. Eigentlich sollte der Zug durchfahren. Von Zwischenaufenthalten war nichts gestanden. Schon gar nicht im Nirgendwo und hier.

Wo waren wir. Hier war kein Bahnhof, kein Bahnsteig, kein Schild einer Haltestelle. Andererseits stand niemandem Verwunderung ins Gesicht geschrieben. Die Leute schienen alles als gegeben hinzunehmen.

Draußen tauchten Frauen auf und reckten kleine Päckchen gegen mein Fenster. Wollten sie mir etwas verkaufen, ähnlich wie in Südamerika? Mit ihrer tristen graubraunen Kleidung waren sie nicht mit den farbenfrohen in den Anden zu vergleichen. Hier war niemand Tourist. Alle wollten nur heim, auch ich.

Wie lange war ich unterwegs? Meine Uhr verweigerte die Auskunft. Die Zeiger standen.

Was erwartete mich auf dieser Reise noch? Bei meiner Abfahrt vor zwei Wochen an die See, war mir die Umwelt vertraut gewesen.

Es war Vorfrühling gewesen, die Blätter und Pflanzen hatten gerade angesetzt, in die Sonne zu blinzeln. Es war warm gewesen.

Hier deutete alles eher auf einen kalten Tag Ende November oder Dezember hin. Dieses Szenario hatte ich auf der Hinfahrt nicht erblickt. Auch nicht in freundlicherem Licht.

Sollte ich ihr folgen? Wird sie den Bus nehmen? Was geht das mich an? Ich starrte weiter durchs Fenster. Wo war ich? Kein Schriftzug, kein Schild, kein Hinweis.

Mein Gegenüber schlief immer noch. Im Abteil wurde es leiser, bis es totenstill war. Wieder nur ein Bild.

Ich entschied, mich draußen wenigstens nach dem Bus zu erkundigen. Er passte mit seinem leuchtenden Weiß nicht zum Grau des Drumherums.

Ich nahm meine Reisetasche aus dem Gepäcknetz und meinen Mantel vom Hacken. Die Leute saßen wie eingefroren auf ihren Plätzen. Ich zwängte mich durch den Gang, um Koffer und Taschen herum. So viele Menschen waren doch gar nicht mitgefahren.

Der letzte Schritt beim Aussteigen schien ins Bodenlose zu führen. Dann stand ich mit festen Beinen im Sand, der zwischen Gleis und Kopfsteinpflaster einen etwa ein Meter breiten Streifen bildete.

Die Tür des Busses war offen. Der Busfahrer winkte mich herein:

„Kommen Sie, sie sind der Letzte. Dann können wir losfahren.“

Neugierig warf ich einen Blick ins Innere. Nur der Platz am Fenster hinter dem Fahrer schien noch frei zu sein.

„Kommen Sie, die Landschaft, durch die wir fahren, ist wesentlich schöner. Im Zug bleibt es trist. Das Ziel ist das gleiche.“

Was konnte mir jetzt noch Schlimmeres passieren? Dass er doch nicht nach B. fuhr? War B. in den letzten beiden

Wochen auch so heruntergekommen und farblos geworden? Wollte ich in diesem Fall wirklich dort hin?

Da realisierte ich, dass die junge Frau aus dem Zug auf der Gangseite des Doppelsitzes saß. Sollten wir uns wieder nebeneinandersetzen?

Sie hatte die Augen geschlossen. Mit ihren Stöpseln in den Ohren schien sie glücklich zu lächeln.

„Geben Sie mir Ihre Tasche. Ich bringe sie unten unter."

Noch bevor ich einen Entschluss fassen konnte, war meine Tasche verstaut, die Klappe zu und der Fahrer wieder auf seinem Sitz. Er winkte noch einmal mit der rechten Hand und nickte mir zu. Hatte ich mein Gepäck beim Aussteigen aus dem Zug mitgenommen? Warum?

„Kommen Sie!"

Was blieb mir anderes übrig, als einzusteigen. Ich stupste die Frau leicht an.

„Darf ich?"

Ohne die Augen zu öffnen, drehte sie ihre Beine zum Gang, dass ich auf meinen Platz schlüpfen konnte. Hatte sie mich erwartet? Wie konnte sie so sicher sein?

Der Bus fuhr los. Ich wandte mich von meiner Weggefährtin ab, blickte durch das Seitenfenster und zuckte zusammen.

Zartes Grün und Wiesen mit Gänseblümchen und Narzissen so weit das Auge reichte. Frühlingshaftes Blau am Himmel. Vögel flatterten in der Luft.

Wir konnten doch erst eine Minute unterwegs sein. Halluzination? Den Fahrer zu fragen, wagte ich nicht. Die Frau neben mir schlief.

***

Ich muss eingeschlafen sein. Als ich aufwachte, fuhr der Bus auf einen großflächigen Parkplatz, der etwa zur Hälfte mit Personenwagen belegt war. Alles Modelle aus den 1970ern, optisch wie neu. Ein Veteranentreffen? Kein anderer Bus war zu sehen. Es gab nur eine Einfahrt, die zugleich Ausfahrt war.

Eingefriedet war die Fläche mit hohen Thujen und einem gelben Flachbau mit großzügigem Eingang. Davor hielten wir.

„Sie können hier etwas essen oder trinken. In einer Stunde fahren wir weiter. Bitte seien sie pünktlich. Ich werde, bevor es losgeht, in den Essensraum kommen und die Abfahrt noch einmal bekanntgeben. Übrigens, das Essen ist gut hier."

Niemand blieb im Bus. Die Abwechslung war allen willkommen.

Die Glasschiebetüren standen offen. Dahinter führte ein großzügiger Vorraum zu den Toiletten auf der linken und rechten Seite und geradeaus in den Speiseraum. Abgetrennt wurde dieser durch eine gelbliche Glaswand mit drei breiten Pendeltüren, ebenfalls aus Glas, aber leicht bläulich gefärbt.

Wer im Vorraum nicht seitlich verschwunden war, steuerte auf den Speisesaal zu.

Der Raum war weitläufig, mit runden und eckigen Tischen und jeweils vier Stühlen bestückt. Rechter Hand wuchs die Schlange an der Essensausgabe. An der linken Seitenwand reihten sich Eckbank an Eckbank für bis zu acht Personen. Blaue Plastikbezüge in Lederlook imitierten den Stil der 1950er-Jahre. Gelbe Plastiktischdecken, gelbe Menagen, gelbe Servietten, gelbe Wände und abgestimmt gelblich-brauner Parkettboden.

Dem Eingang gegenüber gab eine, nur von dünnen senkrechten Streben durchbrochene Glasfront den Blick auf einen kleinen See frei. Auch er war rechter- und linkerseits mit Thujen eingefasst. Das Grün und das Blau geradeaus wurden von einem schmalen, gelben Sandstreifen getrennt.

In der Mitte des Raums eine riesige Schale mit Plastikblumen unterschiedlichster Art. Die meisten Tische waren bereits belegt.

Links neben dem Eingang führte eine schmale Treppe ein Stockwerk tiefer. Ohne Vorraum versperrte eine schwarze Eisentür den Zutritt.

Meine Busnachbarin kam mit einem Tablett und steuerte einen nicht besetzten Tisch neben den Plastikblumen an. Sie winkte und deutete auf den freien Stuhl neben ihr. Offensichtlich wollte sie nicht alleine sitzen.

Als ich ankam, blickte sie kurz zu mir auf und spulte weiter mit Gabel und Löffel ihre Spaghetti auf.

„Wollen Sie nicht essen? Holen Sie sich wenigstens etwas zu trinken!“

Ohne eine Antwort abzuwarten, steckte sie den Stöpsel, der bis jetzt vor ihr gebaumelt hatte, ins Ohr. Ich setzte mich ihr gegenüber, den Blick auf sie und hinaus auf den See.

Sie ist hübsch, sicher intelligent – blond – zierlich, sicher noch keine zweiundzwanzig. Ferngesteuert.

Ich blickte an ihr vorbei, wieder auf den See. Niemand war zu sehen, keine Badegäste, keine Boote, keine Vögel. Spiegelglatte Wasserfläche. Kein Hauch einer Bewegung. Als wäre es ein Gemälde an einer Wand. Und nicht ein Fenster? Aber es kam doch helles Sonnenlicht herein.

Was ging es mich an. Was sollte ich hier? Ihr beim Essen zusehen? Sie würdigte mich keines weiteren Blickes und konzentrierte sich auf den kleiner werdenden Nudelberg auf ihrem Teller.

Ich erhob mich und ging. Ich konnte genausogut beim Bus warten.

Beim Hinausgehen wurde mein Blick von der jetzt offen stehenden Tür am Ende der nach unten führenden Treppe angezogen. Der Raum dahinter war grell erleuchtet, als schiene die Sonne bis direkt zur Türe. Auch die Treppe bekam viel von dem Gleißen ab.

Ich blickte im Speisesaal herum, niemand nahm Notiz von dem Licht und mir. Meine Neugier war geweckt. Ich stieg die Treppe hinunter.

Ein rechtwinklig wegführender, drei Meter langer, weiß gekalkter Gang mit weißen Bodenfliesen, dann stand ich auf einer Fläche, fast so groß wie der darüberliegende Saal, jedoch keine zweieinhalb Meter hoch.

Das Wasser reflektierte die Sonne. Dieses Licht brach sich in den drei Spiegelwänden und ließ mich wie im Scheinwerfer dastehen.

Ich war allein, verloren im Raum, mit drei Wiederbildern, die ich sein konnten; der See mit einem schnörkellosen Geländer aus grauen Rundrohren vor uns geschützt. Davor verlief über die gesamte Front im Wasser eine Art Fanggitter aus dünnen Eisenstäben, wie sie an Wehren üblich sind.

Ich ging bis an das Geländer und hörte leichtes Plätschern von Wellen unter mir. Das Wasser reichte unter die Plattform, auf der ich stand. Wieso plätscherte es? Der See lag unbeweglich vor mir. Lief er hier ab? Es war keine Fließbewegung zu sehen.

Ich ging weiter am Geländer entlang und starrte ins Wasser. Irgendwo musste eine Bewegung zu erkennen sein.

Kurz vor Erreichen der Seitenwand, meinte ich, eine Veränderung erkannt zu haben. Zwei Schritte, im Wasser, aber nicht das Wasser.

Ich beugte mich vor und erkannte in der Tiefe eine winkende Hand. Sie näherte sich der Oberfläche und tauchte wieder ab ins Trübe.

Hatte ich Halluzinationen? Ich wartete, die Hand tauchte wieder auf. Diesmal ragte ein ganzer Arm aus dem Wasser. Er blieb, verschwand nicht mehr.

Hier war jemand ertrunken. Schreiend lief ich zurück und hinauf in den Speisesaal.

Der war leer, aufgeräumt, Vorhänge zugezogen, Essensausgabe verwaist. Geputzt und alles Lebendige weg.

Ich rannte durch die Vorhalle zum Ausgang. Die Türen waren verriegelt, der Parkplatz leer. Keine Autos, kein Bus, keine Menschen. Ich war allein. Wie eben im Geschoß darunter. War es eben? Wo waren die Leute, das Treiben, meine Sitznachbarin?

Rufend, schreiend lief ich durch das ganze Gebäude. Es gab keinen Ausgang, keine Fenster, die sich öffnen ließen. Alle Türen waren abgeschlossen, jetzt auch die zum Untergeschoß. Ich fand neben der Küche zwei Büros. Keine Akten, keine Arbeitsutensilien. Es schien, als sei hier schon länger niemand mehr aktiv gewesen. Auf einem Schreibtisch stand ein Telefon, es war tot.

Ich kramte mein Handy aus der Hemdtasche. Tot. Wieder lief ich rufend durch das Gebäude. Irgendjemand musste mich doch hören. Ein Hausmeister oder vielleicht kam zufällig jemand vorbei.

Mein Lärmen hatte ich schon lange eingestellt, als ich an der Glasfront am Eingang, in eine Ecke gekauert, zusammensackte.

***

Ich schreckte hoch. Jemand klopfte an die Scheibe. Gedämpft drang die Stimme der Polizistin zu mir.

„Öffnen Sie bitte."

Ich schrie zurück: „Wie denn? Ich bin eingeschlossen."

Nachdem ich ihr meine Situation klar gemacht hatte, hob sie beschwichtigend die Hand und ging zum Polizeiwagen, in dem ihr Kollege saß.

Einige Zeit später kam sie wieder: „Wir warten auf den Hausmeister. Der wird uns öffnen. Wird eine viertel Stunde dauern."

Wo bin ich? Langsam krochen Bilder der Bahnfahrt in mein Gehirn zurück. Die Busfahrt, die Frau mit den Ohrstöpseln. Der Speisesaal. Ich zuckte zusammen. Der Tote!

Nach gefühlt Stunden kam einer im Blaumann. Er diskutierte mit den beiden Beamten. Ihr Kollege war inzwischen widerwillig ausgestiegen. Gelangweilt stand er da. Ging ihn der Einsatz nichts an?

Die drei verschwanden links ums Haus. Dann hörte ich Stimmen im Speisesaal.

Zuerst kam die Frau um das Eck und baute sich vor mir auf; eine Hand am Schlagstock, in der anderen ein großes Walkie Talkie.

Gibt es sowas noch? Soll das eine Waffe sein? Wo bin ich? Bin ich aus der Zeit gefallen? Wird mir hier etwas vorgespielt? Was sind das für Uniformen?

Nun trat in mein Bewusstsein, dass auch das Polizeiauto draußen in einem Film vor vierzig Jahren aktuell sein hätte können. Bin ich in ein Drehset gefallen?

Inzwischen stand ihr Kollege mit dem Hausmeister, oder was immer er sein mochte, im Durchgang zum Saal. Die Türen, die blauen Türen waren weg. Nichts mehr zu sehen davon. Nur die Durchgänge in der gelben Glaswand war da. Wenigstens sie.

Wahrscheinlich blickte ich verwirrt auf die Beiden, denn die Polizistin befestigte ihr Funkgerät am Gürtel. Dann beugte sich zu mir herab. Sie rechte mir nicht die Hand. Ihre Daumen schien sie mit an diesem Lederriemen eingehakt zu haben. Misstrauen, Vorsicht, um den Schlagstock schneller greifen zu können?

Ich war matt. Das laute Sprechen und Gestikulieren durch die Scheibe hatte mir den Rest gegeben. Ich war mir nicht einmal mehr sicher, ob ich wegwollte. Einfach nur raus. Oder war mir alles egal?

Irgendwelche ihrer Worte drangen an mein Ohr. Hydriert, nein es muss wohl dehydriert gewesen sein. Drogen, Rettung ...

Als Nächstes spürte ich Feuchtigkeit an meinen Lippen – und kantiges Plastik. Einige der Lebensgeister erwachten. Unbeholfen versuchte ich aufzustehen. Meine Hand rutschte an der Glasscheibe ab.

Nun griff sie zu. Mein Oberarm schmerzte, aber ich stand. Wackelig. Da löste sich ihr Kollege von der dritten Person und ergriff meinen linken Arm.

Gemeinsam schleppten sie mich an den nächsten Tisch im Saal und setzten mich auf einen Stuhl.

Als ihr Kollege an die Handschellen griff, schüttelte sie nur leicht den Kopf. Dann holte sie die Wasserflasche aus dem Vorraum.

Beide setzten sich mir gegenüber. Der Saal war hell. Gelb, aber dunkler als ich ihn verlassen hatte. Jemand hatte die Vorhänge zugezogen. Dahinter musste der See sein. Sonst schien nichts verändert, seit ich alleine hiergeblieben war. Auch der Stapel Teller, der Besteckspender und die Servietten lagen unverändert an der Essensausgabe. Ich nahm ein paar kleine Schlucke aus der Wasserflasche.

Es war anstrengend, sich etwas seitwärts zu drehen. Die Treppe führte ins Untergeschoß.

„Wie sind Sie hier hereingekommen?" Ihre Frage riss mich aus meinen Gedanken. Er saß teilnahmslos daneben. Der im Blaumann stand immer noch neugierig an der Ecke vor der Treppe. Wusste er Bescheid?

„Mit dem Bus und den anderen vielen Leuten."

Die beiden sahen sich an, die Augenbrauen hochziehend. Wahrscheinlich tat das auch der an der Treppe.

Ein weiterer Schluck Wasser bewirkte Wunder. Ich fühlte mich schon wieder fast fit.

„Welchem Bus und wann war das?"

„Wann? Heute? Gestern? Ich kam mit dem weißen Liner."

Wieder sahen sie sich an. Wussten sie nicht, was ein Liner ist?

„Liner, ein Reisebus." Meinem fragenden Blick setzten sie nur einen ebensolchen entgegen.

„Ein Bus, der Reisende aus dem Zug geholt hat. Damit es schneller geht." Bei den Worten fiel mir auf, dass ich nicht wusste, warum der Bus uns abgeholt hatte, nicht einmal wo. Auch das Reiseziel stand nirgends und war auch nicht erwähnt worden. Alles war so selbstverständlich gewesen.

Nun mischte er sich ein: „Fangen wir von vorne an. Wie heißen Sie?"

Ich nannte ihm meinen Namen und Wohnort, beantwortete ihnen ihre weiteren Fragen und erzählte die Geschichte, bis ich alleine zurückgeblieben war. Die Hand im Wasser ließ ich vorerst weg.

Sie glaubten mir kein Wort. „Haben Sie Drogen genommen?"

„Seh ich so aus? Woher denn? Und wozu? Ich war auf einem Bahntrip nach Hause, nicht auf einem Psychotrip."

„Wir werden sehen, wenn die Ambulanz da ist. Das wird noch etwas dauern. Sind sechzig Kilometer."

Sechzig Kilometer? Wo war ich?

„Können Sie mir sagen, wo ich bin?"

Wieder sahen sie sich vielsagend an. Sie glaubten, Drogen. Was sollte ich dagegen tun? Sie mit der Leichenhand beschäftigen? Dann wäre ich womöglich der Täter?

Er nannte einen Ort, von dem ich noch nie gehört hatte. Auch die Konsonanten- und Vokalfolge kam mir völlig ungewöhnlich vor. Aber sie sprachen doch akzentfrei meine Sprache.

Offensichtlich gaben sie auf. Keine weiteren Fragen folgten. Wir saßen uns schweigend und gegenseitig beobachtend gegenüber.

Mir wurde flau. Das Licht begann zu flackern. Konnte es doch gar nicht. Die Deckenbeleuchtung war nicht an. Die Helligkeit kam durch den Vorhang. Diesen gelben ...

***

Als ich wieder erwachte, lag ich in einem modernen Krankenhaus mit einem Tropf am Arm.

Neben mir saß die Polizistin und las in einer Akte. Hatte sie im Speisesaal nicht eine andere Uniform angehabt? Ganz anders geschnitten und aus einer längst vergangenen Zeit?

Meine leichten Bewegungen ließen sie aufblicken.

„Sind Sie wieder bei uns. Ging ja schnell.“

„Wieso schnell? Wie lange war ich weg?“ Klar, ich war in einem Krankenhaus. Dass ich ihr gegenüber in dem Saal am Rastplatz gesessen hatte, hatte ich ebenfalls präsent. Aber wie viel Zeit war seitdem verstrichen?

„Sie sind jetzt acht Stunden hier. Sie waren zu sehr dehydriert, als sie umkippten.“

Irgendwas war doch mit Drogen gewesen. Da im Saal.

„Warum bewacht mich die Polizei? Drogen gefunden in mir?“ Bei mir hatte ich sicher keine gehabt. Oder hat mir die junge Frau ...

„Nein, keine Drogen.“

„Warum werde ich dann bewacht? Fluchtgefahr? Weshalb sollte ich? Zuhause ist es nicht so spannend. Ich könnte noch ein paar Stunden bleiben.“

Die Frage beunruhigte sie. Rutschte sie auf ihrem Stuhl herum? Sie drehte ihren Kopf und atmete tief ein.

„Sie müssen noch dableiben, sagen die Ärzte.“

Das war keine Antwort auf meine Frage. Warum wich sie aus? Warum war sie da?

Ich wurde wieder müde und stierte zur Raumdecke. Warum? Warum? Wa ...

***

Geflüster und das Rücken eines Stuhles weckten mich. Mein linkes Auge kämpfte gegen die Verklebung an. Dann sprang es auf. Die Polizistin stand neben dem Stuhl, eine andere neben ihr. Aus Bruchteilen reimte ich mir zusammen, dass es um einen Befund und Anweisungen gehe.

Die neue setzte sich. Die andere ging zur Tür.

„Halt, warten Sie, bitte. Ich muss mit Ihnen reden." Sie blieb stehen und blickte über ihre Schulter. „Sie können es auch meiner Kollegin sagen."

„Ich glaube, es ist besser, ich sage es Ihnen. Allein."

Ein Zucken ihrer linken Augenbraue. „Privates gehört nicht hierher."

Nun war ich erstaunt. Was sollte ‚Privates' bedeuten? Hatte ich im Saal oder danach etwas verpasst? Auch ihre Kollegin blickte fragend auf.

„Sie können uns beiden sagen, was sie zu sagen haben."

„Ich habe eine Ergänzung zu dem, was ich gesagt habe, nachdem sie mich gefunden haben."

„Ist es wichtig, dass ich bleibe?"

Bevor ich das Stuhlrücken und Gemurmel hörte, war ich schon wach gewesen, lag aber wie in Trance. Blendete meine Umwelt aus und spielte alle Möglichkeiten durch.

Wenn Sie die Hand entdeckt hatten, und ich nichts von mir aus sagte, werteten sie es als Verheimlichen. Schlecht.

Wenn ich die Wahrheit sagte, würden sie mir glauben? Hatte ich im Unterschoß irgendetwas angerührt?

Ich konnte mich nicht erinnern. Nein, ich hatte nirgends meine Finger dran. Ich war auch viel zu schnell wieder draußen. Die Tür stand auf. Auch sie hatte ich nicht.

Konnten sie anhand meiner Schuhe nachweisen, dass ich unten war? Wahrscheinlich.

Es spricht für mich, wenn ich den Fund, und mehr war es für mich nicht, freiwillig melde. Wahrscheinlich hatten sie die Hand und die Leiche schon. Deshalb bewachten sie mich.

Konnte es vielleicht ein Unfall gewesen sein? Dann bräuchte hier keiner sitzen.

Zuerst wollte ich Erklärungen abgeben, warum ich nichts davon im Saal gesagt hatte, ließ es aber bleiben. Wie ich die Hand gefunden hatte, dass mich das helle Licht neugierig gemacht hatte und dass ich nur zwei, drei Minuten unten gewesen war, das erzählte ich.

Beide sahen mich, dann sich ungläubig an. Die Polizistin auf dem Stuhl schüttelte kaum merklich den Kopf. Die andere auch?

„Das wird ja immer bunter. Ich werde das überprüfen." Damit verließ sie den Raum.

Was war hier los? „Warum werde ich bewacht? Oder schützen Sie mich? Vor was?"

Teilnahmslos kam die Antwort: „Es ist etwas unklar, das muss überprüft werden."

„Und was?"

„Details kann ich ihnen nicht nennen. Dafür kommt der Chef."

Unklar war mir manches. Ging es um meine Aussage zum Fund? Nein, davon wussten sie bis eben nichts. Oder hatten sie die Leiche noch gar nicht entdeckt? Waren sie nicht hinuntergegangen? Wieso auch? Sie waren genug mit mir beschäftigt gewesen. Jetzt erinnerte ich mich, dass das helle Licht aus dem Keller nicht mehr auf der Treppe zu sehen gewesen war, als sie mich in den Saal geleiteten.

Sie hatten die Leiche noch nicht. Hätte ich doch besser geschwiegen. Warum werde ich dann bewacht? Bin ich in Gefahr? Warum klärt mich keiner auf?

***

Es mögen mehrere Stunden vergangen sein, als das Handy der Polizistin trompetete.

„Ja. Was? Ich frage mal nach. Er schläft nicht.“ Sie wandte sich mir zu. „Kann es sein, dass Sie sich die Hand im Wasser nur eingebildet haben?“

Sollte ich ja sagen. Ich wäre aus dem Schneider. Bewachung weg. Morgen heim. Sage ich nein, und sie haben die Leiche, hätte ich gelogen, was ebenfalls nicht für mich spräche.

„Nein, es war eine winkende Hand im Wasser. Es sah aus, als triebe sie da.“ Ich erzählte noch einmal alles haarklein und mit allen Fakten, die ich in Erinnerung hatte.

„Hast Du gehört?“

„Ja, danke.“ Die Anruferin legte auf.

Stille kehrte ein. Meine Reise beschäftigte mich, bis ich einschlief.

***

Als ich am nächsten Morgen aufwachte, fühlte ich mich wesentlich besser. Ein freundliches „Guten Morgen" kam vom Fenster. Ein grauhaariger Polizist blickte hinaus. Er drehte sich nicht um. Ich kannte ihn nicht.

„Sie halten uns ganz schön auf Trab. So etwas habe ich in meiner ganzen Laufbahn nicht erlebt. Und das kurz vor meiner Pension."

Ich verhielt mich still. Was sollte ich sagen. Wovon sprach er? Konnte ich etwas dafür, dass sie mich an der Raststätte halbverdurstet gefunden hatten? Konnte ich was dafür, dass eine Hand im Wasser gewunken hatte?

„Ich verstehe es nicht. Nichts passt zusammen. Wir erhalten einen Anruf. Der Anrufer sagt partout seinen Namen nicht. Wir sollten uns lieber um Sie kümmern.

Wir fanden Sie, wie angegeben, in der alten Raststätte. Die ist seit drei Jahren geschlossen. Die Zufahrt zum Gelände ist seitdem nicht mehr benutzt worden. An der Straße war das Tor geschlossen, unversehrt das Schloss. Der Zaun um das Gelände war nirgends beschädigt. Ein Wachdienst bewacht das Gelände, hat sie aber nicht gesehen. Er behauptet, täglich seine Runde gegangen zu sein. Sie haben nicht im Eingangsbereich gelegen."

Schweigend blickte er weiter aus dem Fenster. Er hatte sich immer noch nicht zu mir umgedreht.

Die Pause empfand ich sehr lang, bevor er, wie zu sich selbst weitersprach. „Sie erzählen uns eine skurrile Geschichte. Alle überprüfbaren Fakten für sich stimmen. Passen jedoch zeitlich überhaupt nicht zusammen. Es gibt keine Leiche, zumindest wir fanden keine. Auch keine Hand. Und auch keinen Arm mit Hand.

Gestern erinnerte ich mich dann, dass es einmal eine Leiche gegeben hatte. Das war ein paar Jahre, bevor ich hier meinen Dienst angetreten hatte. Aus den Akten war zu entnehmen, dass die Leiche so gefunden worden war, wie sie beschrieben haben. Doch das ist mehr als vierzig Jahre her. Der Fall wurde nie aufgeklärt.

Der Mann wurde damals ermordet, ertränkt. Keinerlei verwertbare Spuren. Nichts. Nur der Körper im Wasser, der an dem Rechen hing. Und ein paar Druckstellen am Hals."

Er stoppte und schwieg. Wollte er einen Kommentar von mir? Ich wusste nicht mehr, als ich schon gesagt hatte.

„Helfen Sie uns auf die Sprünge. Der Täter von damals können Sie vom Alter her nicht sein. Aber Sie wissen doch mehr, oder? Es kann auch unter uns bleiben. Ich habe keine Lust, den Fall noch einmal aufzurollen."

Langsam drehte er sich um zu mir. Ich sah zum ersten Mal sein Gesicht, ein freundliches, einen Hauch Resignation ausstrahlendes. Ja, er stand vor seiner Pension. Ja, ich nahm ihm ab, dass er den Fall nicht mehr aufrollen wollte. Doch was sollte ich gestehen? Ich wusste nichts.

„Sie können mir die Wahrheit sagen. Sie können nicht mehr belangt werden. Mich würde nur interessieren, was damals geschehen ist und der Hintergrund."

Nach einer winzigen Pause fügte er hinzu: „Wir haben Ihre Angaben überprüft. Ihr Ausweis ist echt. Sie wurden von Ihren Nachbarn auf den Bildern, die wir von Ihnen gemacht haben, erkannt. DNA-Abgleich konnte leider nicht stattfinden. In Ihrer Wohnung wohnt seit zehn Jahren eine Familie. Die kennt sie nicht.

Was mich, uns verwirrt: Sie sind seit zehn Jahren tot.“

S

Ich hatte viel Mühe, seinen zeitverzahnten Parallelwelten, zu folgen. Und dabei hat er nicht einmal alles preisgegeben.

Zeit läuft nicht chronologisch ab, wie ich bis jetzt gemeint habe. Es gibt gleichzeitig verschiedene Zeiten, die wir mühelos abwechselnd und gleichzeitig betreten können. Verschiedene Zeiten, die sich vermengen, vielleicht sogar vermischen.

Mir hat er gesagt, das sei ein Traum gewesen. Was ist dann die nächste Geschichte?

S

N. – Ein Zug verschwindet

S

Kann ein Ort so mir nichts, dir nichts von der Landkarte verschwinden? Glaube ich nicht – außer folgende Geschichte ist wahr. Dann halte ich auch das für möglich.

S

Glück oder Pech, das Leben tröpfelt nicht. Es wird in Eimern über einem ausgeschüttet. In Ermangelung eines anderen Datums war es nicht Freitag der Dreizehnte, sondern Montag der Achtzehnte, und zwar April. Sollte ich noch Zweitausendelf erwähnen? Vielleicht, um das Folgende überprüfbar zu machen.

Die Sonne brannte herunter. Kurze Ärmel waren angesagt. Ein April wie im August. Ach, den Ort könnte ich ebenfalls erwähnen. N., kurz vor dem Harz. Was einen echten Bayern in den Harz verschlägt, ist eine andere Geschichte.

Die Aufgabe für diesen Tag schien einfach und für jeden lösbar: Fahre vierzig Kilometer mit dem Auto und hole deine Frau am Bahnhof ab.

N. hatte an diesem Achtzehnten für uns als Übernahmepunkt Premiere. Sie haben sicher erraten, wir befinden uns im Wilden Osten. Wobei die Geschichte sich im Westen auch nicht anders zugetragen hätte. Ankunft des Zugs 13 Uhr 36. Kurz einen Cappu in der Sonne genießen und dann zurück in den Harz.

Nun muss ich erwähnen, dass eigentlich R. oder S. der normale Übergabepunkt war, an dem die Bahn mir meine Frau aushändigte. Irgendwie ergab sich aus dem Fahrplan, dass dieser Zug nicht in R. hielt; die Straße nach S. aus mir nicht bekannten Gründen wieder einmal für längere Zeit gesperrt war. Kleinbaustellen können sich im Osten über sehr lange Zeiten erstrecken. Dies habe ich im Lauf der Jahre gelernt. Ich sollte einmal in die Heimat zurück, um zu sehen, ob dies bei uns nicht inzwischen genauso ist.

Eigentlich ist die Bezeichnung ‚Osten‘ und Westen‘ meines Erachtens falsch. Richtig wäre ‚Süden‘ ‚Norden‘. Das sagt aber niemand. Wieso? Sehen wir es einfach als Bezeichnung an. Es gibt sowieso nur Bayerisch oder eben nicht. Und ich war im Eben-nicht.

Genug der Abschweifungen. Einigen wir uns darauf, dass die Geschichte überall gespielt haben hätte können. Wobei ich bei genauer Betrachtung 'überall' auf zwei Länder beschränken möchte. Das Land Kishons, das es in diesem Fall nicht war, und Deutschland, das es war, ist und leider bleiben wird. Präzision und Vorschriften und Verwaltung halten dieses Land zusammen.

Also, N. war als Ausweichstelle auserkoren. Wetter wie oben. Auto funktionierte und die Sträucher und Bäume blühten, dass es eine Augenweide war. Letzteres ist ein Satz aus der Romantik. Dies erwähne ich nur, da Deutschland immer noch im Plagiatsfieber deliriert, und ich mich nicht hineinziehen lassen will. Eine genauere Quellenangabe ist mir nur mit unzumutbarem Aufwand möglich. Ein sich eventuell geschädigt Fühlender möge mich kontaktieren. Ich werde diesen Satz dann (sofern eins bestehendes Recht auf Urheberschutz nachgewiesen werden kann) sofort löschen, ohne meinerseits den Rechtsweg zu bestreiten.

Warum will die Geschichte nicht endlich zu Ende gehen? Also noch einmal kurz die Fakten: Frau im Zug von Kassel (vorher von München); ich im Auto in N. wartend und mir die Zeit vertreibend mit dem Tagebuch von Adam und Eva, Tränen des Lachens aus den Augen wischend und die Sonne auf den Pelz scheinen lassend, als das Handy klingelte. Dies tut es im Jahr vier Mal. Heute fühlte es sich einmal bemüßigt. Übrigens, das Tagebuch von Adam und Eva gibt es. Mark Twain hat es unter die Leute gebracht. Danke dafür.

Handyklingeln. Es war meine Frau. Die hat zwar kein Handy, benützt jedoch regelmäßig eines der Zugbegleiter.

"Wir stehen irgendwo in der Prärie. Das Oberleitungskabel ist defekt. Ich habe es gewusst."

Vorahnungen hin oder her. "Wo seid ihr?"

"Wo sind wir?" Aus dem Hintergrund vernahm ich die Stimme der Zugbegleiterin, die einen Namen sagte, den ich beim Hören schon wieder vergessen hatte.

"Wie lange wird es in etwa dauern, bis es weiter geht?" Ich spürte durch das Telefon das Achselzucken, wahrscheinlich aller sich im Zug Befindlichen.

"Wie weit ist das von N. weg?" Ich dachte, ich könne sie abholen. Doch die Bahn plant gründlich, mit später beschriebener Präzision.

Nach erneuter Rückfrage bei der Zugbegleiterin sagte meine Frau, immer noch gefasst: "Ungefähr eine Stunde vor N., aber in der Pampa." Im Hintergrund hörte ich schon das Quengeln der freundlichen Dame, die ihr das Handy für ein SOS überlassen hatte, sie müsse jetzt weiter und hätte gerne ihr Gerät wieder.

Ciao, damit versank unsere Verbindung auf unbestimmte Zeit in den Weiten selbiger. Gut dass ich mit dem Tagebuch von Adam und Eva gerade erst begonnen hatte. Als schlecht sollte sich herausstellen, dass es die letzte Geschichte in dem Buch ist. Den ersten Teil des vorherigen Satzes bitte ich den Leser, aus seinem Gedächtnis zu streichen, da er vorgreifend ist.

Nun, N. hatte einen schönen Bahnhof, schönes Wetter und in einer Straße, die parallel zum Bahngleis verläuft, freie Parkplätze für Parkscheiben-Parker. Zwei Stunden - völlig ausreichend - und immer einen oder mehrere frei. Bei acht Parkplätzen ist dies eine reife Leistung. Außer regem Busverkehr war nicht viel los. N. arbeitet eben. Dass die Parkplätze als Honigtöpfchen von der Stadt aufgestellt worden waren, wurde mir erst später bewusst.

Gegen vierzehn Uhr unternahm ich den kühnen Versuch, am Service-Point, oder wie immer er gerade mal wieder umbenannt worden sein mag - früher hieß dies einfach Schalter - nachzufragen, ob schon bekannt sei, wann mit dem Zug zu rechnen sei. Hier sein konnte er noch nicht, da ja noch nicht einmal die reine Fahrzeit von circa einer Stunde um war.

Sehr freundliches Personal widmete sich meinem Anliegen. Der Computer, unfehlbar wie er ist, gab rot unterlegt, eine Verspätung von fünfunddreißig Minuten an. Ich war verblüfft. Die Bahn kann, wenn sie will. Scheinbar waren der Schaden umgehend behoben und die Fahrzeit, wie auch immer, halbiert worden. Ich zog aber auch die Möglichkeit in Betracht, dass der Computer auf Grund veralteter Datenlage eine Fehldiagnose stellte. Egal. Es kann ja nicht lange dauern. Die fünfunddreißig Minuten waren in fünf Minuten um. Ich begab mich zum Bahnsteig.

Nachdem eine Stunde war um, meine Frau aus keinem Zug ausgestiegen war und ich auch keinen Zug aus Kassel wahrgenommen zu haben glaubte, ging ich wieder zu den beiden netten Leuten, um sie auf die Suche nach dem Zug zu schicken.

Der Computer bestand unabänderlich auf seinen fünfunddreißig Minuten, die ich aber mit Nachdruck zu widerlegen versuchte. Leider könne man hier nichts machen. Die Bahn sei in viele Firmen aufgespalten, von der jede ihre Aufgabe habe und jede die Aufgaben, die andere betreffend, dieser in Rechnung gestellt werden müssen. Oder so ähnlich war der Wortlaut.

Als Kunde sei dies sicher nicht mein Problem, erwähnte ich mit einem Augenzwinkern, wohl wissend, dass nicht ich, sondern meine Frau der Kunde war. Dies fiel aber keinem meiner Gegenüber auf, oder sie ignorierten es. Aus Servicegründen? Möglich.

Jedenfalls kam die Frau nach Beratung mit ihrem Kollegen darauf, den Fahrdienstleiter anzurufen. 118. 118. 118. Immer wieder 118. Es waren also mehrere am Schicksal des überfälligen Zuges interessiert. Dies wurde zwar nicht geklärt, aber der Fahrdienstleiter bestätigte der verwundert dreinblickenden Frau, dass der Zug mit fünfunddreißig Minuten Verspätung pünktlich den hiesigen Bahnhof verlassen habe. Zu Beginn des Telefonats erklärte sie ihm, dass vor ihr ein Mann stehe, der seit einer Stunde auf seine Frau warte, die in dem Zug von Kassel sitze.

Bin ich und meine Frau ...? Ich sehe einen Zug nicht und sie sieht einen, doch nicht ganz kleinen Bahnhof nicht. Wir mögen zwar alt sein, aber so alt?

Mehrmals wurde mir versichert, der Zug sei hier gewesen. Mit drei Bahnsteigen stufte ich den Bahnhof als übersichtlich ein und wendete mich ab.

Nach zwei Schritten drehte ich mich wieder zum Tresen. Dort waren bereits andere Kunden. Deshalb vertraute ich den Rest des Problems ihrem Kollegen an.

"Eigentlich kann der Zug noch gar nicht da sein. Meine Frau sprach am Handy von einer Stunde Fahrzeit. Die ist gerade jetzt erst um. So schnell repariert selbst die Bahn keine Oberleitung und eine Diesel-Ersatzlok ist sicher auch nicht so schnell zur Stelle."

Abschweifung: Mir fiel dabei ein, wie meine Frau im ICE mal in Nürnberg umsteigen musste, weil er defekt war. Umsteigen war schnell geschehen. Der Zug stand schon parat, die Fahrgäste saßen drin, nur Zugführer war keiner da. Es gelang der Bahn nach einer weiteren halben Stunde, den Zug in Richtung München zu bringen. Urlaub, Klo, Sparmaßnahmen? Wenn man bedenkt, dass die Bahn Zeit hatte, einen ganzen ICE in einen Bahnhof zu bringen, die Passagiere umgestiegen sind und in dieser Zeit kein Lokführer aufzutreiben war, der einen ICE fahren durfte, halte ich das Geschäftsmodell für überdenkenswürdig.

Hier geht es weiter: Nach einem kurzen Verschnaufen fügte ich hinzu, dass dies die Aussage der Zugbegleiterin gewesen sei. Die müsse ihre Strecke doch kennen. Das Argument zog.

"Haben Sie das Handy dabei? Dann rufen wir einfach die zuletzt angezeigte Nummer zurück." Der Gedanke des

Bahnmitarbeiters war genial, auch wenn er nicht von mir stammte. Mein Handy wird nach diesem Telefonat sein Halbjahrespensum erfüllt haben.

Ich reichte ihm das Wunderwerk der Technik mit den Worten: "Können Sie bitte. Ich kenne mich damit nicht so aus und habe meine Brille zum Lesen nicht dabei." Auf die, auf meiner Nase sitzende, deutete ich mit den Worten: "Die ist nur für die Ferne." Verständnisvoll nahm er den Apparat entgegen. Und im Handumdrehen hatte er die Nummer. Es tutete.

„Hier Bahnhof N. Hallo Petra (ich nenne sie mal Petra, wobei sie tatsächlich so hieß), du bist es!? ..." Er erklärte ihr, dass ich, wo der Zug, usw.

Kopfschüttelnd klappte er das Handy zu und reichte es mir. War der Zug schon durch und ich hatte es tatsächlich nicht bemerkt.

Zu seiner Kollegin gewandt sagte er, immer noch den Kopf in Bewegung: "Die Fahrdienstleitung hat doch gesagt, der Zug sei durch? Oder?"

"Ja!?"

"Petra sagt gerade, sie stehen immer noch und wissen auch nicht, wann es weiter gehe. Es sei ein anderer Zug angefordert worden, in den die Fahrgäste umsteigen sollen."

Kühn warf ich ein: "Sollte ein Fahrdienstleiter nicht merken müssen, wenn ein Zug fehlt?" Wie aus einem Mund kamen die Antworten, die mit einem deutlichen Ja begannen und sich dann in unterschiedliche Kommentare verzweigten. Drei Personen, eine Meinung, drei

Bezeichnungen, ein Sammelbegriff: Der Fahrdienstleiter ist eine Pfeife, um in Bahnjargon zu bleiben. Ich fragte noch, ob man ihn nicht wegrationalisieren könne, da er scheinbar überflüssig sei. Darauf bekam ich keine negative Antwort.

Ich versprach in einer Stunde wieder vorbeizuschauen. Leider werde ich dann nur noch seine Kollegin antreffen, weil er nach Hause gehe. Feierabend.

Generös stimmte ich zu. Den Feierabend nahm ich ihm ab und für keine Auskunft brauchten sich nicht zwei Leute abmühen.

Ja, die Bahn sei nicht mehr die Bahn. Und der Trend gehe nun einmal auf Verarsche statt auf Qualität, was sich nicht nur beim Fahrpreislotto bemerkbar mache.

Ich wünschte ihm noch einen schönen Feierabend und begab mich zu meinem Auto. Ich überlegte, ob ich nicht wegfahren und etwas Sinnvolleres auf mich einprasslen lassen solle, als mir am Bahnhof meine Beine zu verkürzen, stellte es dann aber doch nur einen Parkplatz weiter, da die erlaubten zwei Stunden bald abgelaufen sein werden. Ich justierte die Parkscheibe neu, Ankunft 15:00 und verschenkte so eine viertel Stunde, die ich im gut warmen Fahrzeug auch nicht mehr absitzen wollte.

Auf dem Rückweg zum Bahnhof sah ich mir die Busse und Straßenbahnen davor an, kurbelte die Wirtschaft mit einem Cappu und einem Stück Käsetorte an und schlug auf die Zeit ein, die unbeeindruckt langsam weiter schlich. Im Bahnhof sah ich mir vor dem Buch- und Zeitschriftenladen diverses Gedrucktes an und beschloss, mich des Lesens unkundig zu stellen und weiter in der Sonne zu garen.

Gegen halb fünf nahm ich keck mein Handy und fragte, ob es in dem Zug noch Überlebende gäbe. Ich wusste jetzt ja, wie das geht. Einige der Umstehenden sahen mich verwirrt an. Ich ignorierte sie. Die Zugbegleiterin antwortete nach einer kleinen Schockpause mit hörbarem Lächeln, dass noch alle leben. Sie seien bereits in S. (einem anderen als am Anfang der Geschichte) und in acht Minuten in N..

Super, dreihundert Prozent Reisezeit. Das soll der Bahn erst einmal jemand nachmachen. Durch die Lautsprecher klang es wie zum Hohn, dass der Zug aus Kassel wegen einer Verspätung auf einer vorherigen Strecke eine viertel Stunde Verspätung habe. Drei Stunden Verzögerung bei einer Fahrzeit von etwa eineinhalb. Zwei zwischenzeitlich planmäßige Züge ganz ausgefallen. Die Passagiere waren über viereinhalb Stunden im leicht übertemperierten Zug.

Positiv muss erwähnt werden, dass während der Fahrt Formulare für die Teilrückerstattung des Fahrpreises ausgehändigt wurden. Wir werden sehen. Wenn die vom Fahrdienstleiter in N. bearbeitet werden, dann danke. Die Formulare brauchten sie wohl öfter?

Befreit aller Sorgen gingen wir zu unserem Auto. Als einzige Bevölkerung kamen uns zwei Männer vom Ordnungsamt N. entgegen. Die gab es hier auch. Dass es viel zu verdienen gab, hielt ich für unwahrscheinlich. Ich sollte mich täuschen. Zwei Minuten später stellte ich am Auto fest, dass die beiden zugeschlagen hatten. Es war

16:52. Den Scheibenwischer zierte ein zusammengefalteter Zettel: Sehr geehrt...... Sie haben das Fahrzeug entgegen den Bestimmungen der STVO (Straßenverkehrsordnung) abgestellt. Dem Fahrzeughalter geht deshalb in den nächsten Tagen ein schriftliches Verwarnungsgeldangebot mit näheren Erläuterungen zu. Die Daten wurden elektronisch erfasst, sodass persönliche und telefonische Rückfragen bis dahin nicht beantwortet werden können. Ordnungsamt ...

Ein Angebot hört sich in diesem Zusammenhang etwas witzig an. Wir werden sehen. Ich fühlte mich vergewaltigt. Für die zwei Stunden fehlten meines Erachtens noch acht Minuten, von der viertel Stunde des ersten Parkens ganz zu schweigen. Um den Tag im Sinne des bisherigen Verlaufs fortzuführen, musste ich feststellen, dass ich die Scheibe beim Ablegen leicht verdreht hatte. Sie stand zwischen halb und dreiviertel Drei statt Drei. Das Schicksal fand, dass das Bahnfiasko noch nicht genug war. Oder arbeiteten Bahn und Ordnungsamt Hand in Hand? Die einen provozieren Zugverspätungen, die anderen kassieren die Wartenden ab. Den Gedanken verwarf ich sofort wieder wegen Unwahrscheinlichkeit. Wäre die Bahn zu solch einer Koordinationsleistung fähig gewesen?

Hatten die Ordnungswächter etwa gelauert? Wenn ich mich an die Wahrscheinlichkeitsrechnungen in der Schule erinnere, konnten derartige Zufälle kaum zusammentreffen. Ich fühlte mich als Hauptgewinner des Tages. Wie habe ich oben gesagt? Glück oder Pech, das

Leben tröpfelt nicht. Es wird in Eimern über einem ausgeschüttet.

Schade, dass N. von unserer Landkarte verschwunden ist. Es konnte eigentlich gar nichts dafür. Aber der Stress und die Extrakosten dafür sind wohl ausschlaggebend. Wie heißt es so schön: Zur falschen Zeit am falschen Ort. Und Elefanten vergessen nie.

Auf der Fahrt hinauf in den Harz erwähnte meine Frau ausführlich, dass sie letzte Nacht kaum geschlafen habe. Scheinbar hatte sie wieder Vorahnungen gehabt. Oder war es nur das 50:50-Spiel gewesen, das die Bahn bei jeder Fahrt neu auflegt. Ich habe eher das Gefühl, dass man es 75:25-Spiel nennen sollte, denn öfter als 25 Prozent verliefen biherige Bahnfahrten nicht reibungslos. Oh, waren das noch Zeiten, als man nach dem Zug die Uhr stellen konnte.

Übrigens hatte ich von dem Lange-in-der-Sonne-Sein eine Art Dachschaden. Für den Bericht hat es aber noch gereicht. Abschweifungen und Unzulänglichkeiten in Wortwahl und Präzision führe ich darauf zurück.

S

Er hatte noch eine Bahngeschichte im Sinn. Für die verweigere ich zum jetzigen Zeitpunkt meine Zustimmung. Mir tut die Bahn leid. Das wäre zu viel auf einmal.

S

Zwei

Kritisiere nicht, was du nicht verstehst.

Zwei Gestalten rascheln durch das Laub, das vor dem ersten Schnee unter Bäumen geschützt, noch frei herumliegt. Nebel dampfen über den Wiesen. Schwarze Schneeflächen. Der Mond. Kahle Äste. Zwei Gestalten - deutlich zu sehen, denn der eine hat eine weiße Hose und einen zitronengelben Pullover an. Der andere ist schwarz gekleidet.

Das Laub raschelt bei jedem Schritt. Und der Zug dröhnt vorbei. Das Krachen der Puffer. Sie rangieren. Das tun sie immer, Tag und Nacht, Tag und Nacht, Monat und Jahr, Monat und Jahr und Jahre.

Der mit dem gelben Pullover klagt, ihm täten die Füße weh, es sei ihm kalt. Auf dem Boden liegt Reif. Weit hinten schreit ein Käuzchen. Der in Schwarz schreckt zusammen. Er hat etwas Angst. Und die Züge dröhnen vorbei. Und die Puffer krachen beim Rangieren. Und eine Pfeife trillert.

Ihr Atem drängt sich in dichten Wolken aus den Nasen. Wenn sie sprechen, erschrecken sie von ihren eigenen Stimmen. Manchmal schauen sie zum Mond, den die vorüberziehenden Wolken immer wieder kurz verdecken. Und sie fachsimpeln über Kameraeinstellungen, Blenden, Filter, Formate, Filmarten und das Leben.

Eine Stille, wie im Land des Todes. Hier wird niemand besiegt oder eingezogen. Hier ist Leben, das der Wirklichkeit so fremd ist, wie ein Flugzeug den alten Germanen. Gespräche. Aber die Züge dröhnen weiter vorbei. Und die Puffer krachen beim Rangieren. Und eine Pfeife trillert.

Flügel rascheln durchs Gebüsch. Der Mond steigt höher, um die beiden Gestalten nicht aus den Augen zu verlieren. Alle wissen, dass er das neugierigste Nachtwesen ist.

Sie kommen an einen See, zarte Eisschollen. Nebel lasten auf ihm. Am Rand im eisfreien Wasser schlafen Schwäne und Enten. Und nicht zu vergessen, die 'Schwarzkragigen'.[1] Und die Züge dröhnen vorbei. Und die Puffer krachen beim Rangieren. Und eine Pfeife trillert.

Wieder schreit das Käuzchen, mahnt zum Aufbruch. Die beiden steigen über die Mauer, über die sie gekommen sind. Sie gehen dem Dröhnen der Züge entgegen, dem Krachen der Puffer beim Rangieren und dem Trillern der Pfeife.

Zwei Scheinwerfer kommen auf sie zu. Eine Lederjacke beugt sich heraus. Mit dem Mindestmaß an Höflichkeit fragt sie, was sie hier zu suchen hätten. Papiere hin - in Ordnung - Papiere zurück. Das Fenster wird hochgekurbelt, der Wagen fährt weiter.

Die Nacht, in der Ferne bunte Reklame, das Dröhnen der vorbeirasenden Fernzüge, das metallene Krachen der Puffer beim Rangieren und die Pfeife, die trillert, unterbrochen von ein paar Stimmen, Scheinwerfern und dem Quietschen der Bremsen.

---

[1] Kanadische Wildgänse

Und kritisiere nicht, was du nicht verstehst.

S

Das war nachts im Nymphenburger Schlosspark am 4. März 1969, könnte aber auch an vielen anderen Tagen so abgelaufen sein.

Ich war nicht dabei. Im Zweifelsfall verhaftet ihn. Ich würde nie nachts über eine Mauer klettern und fremde Grundstücke durchstreifen.

S

Schräges

S

Ich verbürge mich, dass die Geschichte wahr ist. Falls ich gelogen habe, könnt ihr mich zurück in meine Kiste legen. Möge ich dann für immer dort bleiben.

S

Mir wurde zugetragen, dass vier Geschwister und so etwas wie ein Schwager eines Kindes gestorben sind. Eines der Geschwister war ein Mädchen. So, jetzt ist es raus. Fünf Personen sind tot.

Na und. Leute sterben. Nachdem es nicht zur selben Zeit oder am selben Ort geschehen war, wo ist der Reiz? Oder war es etwa derselbe Täter?

Ja.

Wird daraus jetzt ein Krimi?

An Unfall denkt wohl keiner? Ich kann euch beruhigen. Unfall, nö. Krimi dito.

Um den ersten Zufall als keinen zu entlarven, sage ich euch, wie es anfing. Tatzeit 2019.

Im April 2020 wachte mein Informant auf. Wie jeden Tag. Ja, wie immer am Morgen. An diesem war jedoch ungewöhnlich, dass er die Zeit um den Tod seiner Mutter nachvollzog. Oder besser, wie es damit anfing. Mittendrin fragte er sich: Ist heute Jahrestag?

Das ließ ihm keine Ruhe. Er stand auf und kramte das Vorjahrestagebuch heraus.

Glück gehabt. Es waren genau ein Jahr und zwei Tage. Kein Jubiläum. Keine schwarze Katze.

Es mag ja sein, dass es einen Gott gibt, der auf seinem Stühlchen sitzt und das Geschehen auf der Bühne des Lebens dirigiert. Fragen wir nicht, für wen. Er macht es halt. Im vorliegenden Fall ist ihm etwas Besonderes eingefallen. Glaube ich wenigstens. Mag aber auch Zufall sein.

Um auf den Täter von oben zurückzukommen, es sind inzwischen drei Verdächtige: Gott, der Zufall und – der Tod. Einer wird es gewesen sein. Vielleicht waren es zwei zusammen? Vielleicht alle drei? Wobei – im christlichen Glauben schließen sich Gott und Zufall aus. Glaube ich, in Erinnerung zu haben.

Europa, christlich geprägt. Ergo, Gott und Zufall zusammen waren es nicht. Der Teufel auch nicht. Den gibt es nicht mehr. Der heißt jetzt anders. Anders klein geschrieben!

So, jetzt hat die Rechtschreibkorrektur zugeschlagen. „Ist hier die Groß-/Kleinschreibung von Wörtern gemeint? Dann schreiben sie beide Wörter zusammen." Die Rechtschreibung kann mich mal. Für mich ist kleinreden das Verb von der Tätigkeit Kleinreden. Entsprechend ist kleinschreiben das Verb von *das Kleinschreiben* mit der Bedeutung von *etwas herabstufen, bedeutungsloser erscheinen lassen*. Eine Tätigkeit, ein Wort.

Etwas klein schreiben, heißt für mich, ich schreibe einen Buchstaben klein. Buchstabe ist eins, schreiben das andere. Logisch: auseinander geschrieben.

Es kann aber auch sein, dass die Rechtschreibprüfung meines Programms spinnt. Dann gehen euch die letzten beiden Absätze nichts an. Streicht sie wieder.

So wird das nie etwas mit dem Tod der fünf von vorher. Also, Gott, Teufel und Zufall waren es weder gemeinsam, noch in Teilkonstellationen, noch allein. Also bleibt nur noch der Tod als Täter. Zusammen mit dem Zufall? Entscheidet selbst.

Zuerst mal die Personen, damit ihr wisst, von wem ich rede.

Die Geschwister sind H. (1921), W. (1923), E. (1926, das Mädchen) und M. (1931). Der Name meines Informanten beginnt auch mit W. Darum heißt er hier nur *Informant.* Sollte ich ihn als I, gefolgt von einem Punkt, führen? Über I-Punkt und I Punkt lasse ich mich jetzt nicht aus.

Dass er am gleichen Tag wie sein Vater Geburtstag hatte, mag man als Zufall betrachten. Schräg wäre, wenn er am selben Tag … Das geht nicht, also macht euch keine Gedanken über Was-wäre-wenn.

Bevor ich es vergesse, der Sowas-wie-Schwager ist K. Der war der Ausgangspunkt der Geschehnisse. Hatten wir den Buchstaben *K* schon? Nein, ok, dann bleibt er.

Mein Informant erhielt im Vorjahr einen Anruf eines seiner Bekannten, dass sein Ex-Schwager – der vom Informanten – gestorben sei. Angeblich sind die Männer von zwei Schwestern nicht Schwager zueinander. Weiß nicht, wo ich das herhabe. Ex stimmt jedoch sicher, da mein Informant geschieden ist. Bleibt man trotzdem verschwägert? Auch falls man es gar nicht war? Egal. K. war tot.

Dies teilte mein Informant seiner Mutter mit. Ihr wisst schon, wegen Beerdigung und früher, usw. Ende Kapitel eins.

Kapitel zwei: Darüber informiert E. bei einem freitäglichen Mittagessen im Hirschgarten ihren Bruder W. Beide waren seit ihrer frühesten Kindheit dicke Freunde. W. war immer der große Bruder gewesen, zeitlebens. Die Ehepartner von beiden waren schon lange tot. So stand den wöchentlichen Treffen nichts im Weg. Der Eintrag des Wortlauts des Gespräches findet sich im Tagebuch von E. „... die Einschläge kommen immer näher. Und was ist mit uns? Wir sind vergessen!!!"

Beide gehen zurück in ihre Wohnungen.

Fünf Stunden später erhält E. einen Anruf, W. ist tot. Nicht mein Informant, der bleibt in der Geschichte der Informant – nur so als Einschub, falls jemand meiner Hilfe bedarf.

W. war mit dem Bus vom Ort seiner Kinder nach Hause gefahren, Briefkasten ausleeren, weil die weg waren. Im Bus umgefallen – tot.

E. ruft meinen Informanten an. Beerdigung nächsten Freitag. Informant sagt zu, dass er da sein werde.

Beunruhigt war er, da seine Mutter geklungen habe, als lese sie etwas aus der Zeitung vor, emotionslos, unbeteiligt. Ein Telefonat am nächsten Tag verlief nicht anders. Mein Informant bot an, schon eher zu kommen. Nein, das brauche er nicht. Ihr gehe es gut. Immerhin seien es fünfhundert Kilometer und er habe genug zu tun.

Montag Vormittag bekam mein Informant einen Anruf von der Nachbarin von E. Der Krankenwagen stehe vor dem Haus. E. ginge es miserabel, sie wissen nicht, was ihr fehle. Am frühen Morgen sei sie von E. herausgeklingelt worden, ihr ginge es schlecht. Daraufhin habe sie (die Nachbarin) die Rettung angerufen. Intensivstation, Besserung, Verschlechterung, usw.

Drei Wochen später war E. tot, obwohl mein Informant ihr klarmachte, dass sie die Einzige der Geschwister wäre, die im Krankenhausbett ... Ihre Brüder seien das auch nicht. Die beiden einigten sich dann, dass man mit mehr als neunzig Jahren genug auf der Welt gewesen sei. Außerdem wollte sie nicht mehr, da sie inzwischen die einzige noch Lebende sei. Soweit alles verständlich.

In die Rubrik *Schräg* einordnen kann man, dass H. Jahre vorher von Besorgungen nach Hause gekommen war, in die Wohnung ging, die Wohnungstüre schloss, seine Einkäufe hochnehmen wollte und tot umfiel.

M. fuhr samstags immer mit der Bahn von München nach Tegernsee zum Mittagessen. Auf der Heimfahrt kam er in München tot an.

S

Ich erwähne es, weil er es nicht tut: Das Essen war nicht Schuld daran!

S

Außerdem kannte mein Mandant einen Motorradfahrer. Der erlitt in einer Autobahnbaustelle einen Herzinfarkt auf seiner Harley. Er fuhr nachweislich tot bis zum Ende der Verengung und fiel dann erst um.

So, kann man das in die Rubrik *Schräg* stecken?

E. hätte ihre wahre Freude an dieser Geschichte, obwohl ihr der Inhalt nicht unbekannt gewesen sein dürfte. Und mein Informant ist sich sicher, dass E. und W. und wahrscheinlich H. und M. alles zwar schräg gefunden hätten, aber doch nur dem Zufall geschuldet. Ich übrigens auch. Und wer es als *spooky* empfindet, mag es tun.

S

Eines hat mir das Buch gezeigt: Am Ende steht immer der Tod.

Amen

S

Inhaltsverzeichnis

Weitere Bücher von Wolf Kursch

Der Kein-Fall-Fall

ISBN 978-3-944667-24-9

www.kursch.w-portal.de

I shall kill – Ich werde töten

ISBN 978-3-944667-28-7

www.kursch.w-portal.de

Stei da voa

ISBN 978-3-944667-00-3

Gedichte in Bairisch (Boarisch)

www.kursch.w-portal.de